VENCER-SE É VENCER MAIS

A RENOVAÇÃO ESPIRITUAL

Edição e distribuição:

Caixa Postal 1820 – CEP 13360-000 – Capivari-SP
Fone/fax: (0xx19) 3491-7000 / 3491-5603
E-mail: editoraeme@editoraeme.com.br
Site: www.editoraeme.com.br

Solicite nosso catálogo completo com mais de 300 títulos.

Não encontrando os livros da EME na livraria de sua preferência, solicite o endereço de nosso distribuidor mais próximo de você através do fone/fax ou e-mail acima.

REGIS DE MORAIS

VENCER-SE É VENCER MAIS

A RENOVAÇÃO ESPIRITUAL

Capivari
– 2004 –

Vencer-se é vencer mais. A renovação espiritual
Regis de Morais

1 edição/abril 2000 - 3.000 exemplares
1ª reimpressão/ abril 2004 - 1.000 exemplares

Capa:
Foto da capa e arte-final feita por Nori Figueiredo, sobre escultura: *O Eterno Aprendiz*, de Gilson Barros de Carvalho.

Diagramação e arte-final:
Saulo Camargo

Os direitos autorais desta obra foram cedidos pelo autor à ESCOLA EVANGELHO ESPERANÇA DE HORTOLÂNDIA-SP

———————— Ficha Catalográfica ————————
Morais, Regis de
Vencer-se é Vencer Mais (A renovação espiritual), Regis de Morais, Editora Eme, Capivari-SP, (1ª edição/abril 2000),1ª reimpressão/abril 2004.
181 p.
1 - Auto-Ajuda - Espiritismo
2 - Espiritismo - Auto-Ajuda
CDD 133.9

Dedicatória

Aos corações e inteligências capazes de autocrítica, jamais satisfeitos com seu estágio evolutivo, desejosos de, aperfeiçoando-se e no seu cotidiano, aproximarem-se mais e mais de Deus. Às sensibilidades humildes, isentas de arrogâncias espirituais e sempre prontas a enriquecer o seu dia-a-dia com o poder da oração.

*Aos que crêem que caminhar para Deus é **caminhar sempre,** e abrem as portas de sua alma para a ajuda caridosa do Plano Maior.*

Aos que sabem que nossos verdadeiros adversários estão dentro de nós e, com o Divino Jesus, empenham-se em vencer as próprias negatividades.

"Somos caminhantes, peregrinos a caminho. Devemos, pois, sentir-nos insatisfeitos com o que somos, se queremos chegar àquilo a que aspiramos. Se nos agrada o que somos, deixaremos de avançar. Se nos convencermos de que é suficiente, não daremos mais um passo. Sigamos caminhando, indo para a frente, caminhando para a meta. Não paremos no caminho, nem voltemos atrás, nem desviemos da rota. O que pára não avança. O que chora o passado dá as costas à meta. O que se desvia perde a esperança de chegar. É melhor ser um coxo a caminho, que um bom corredor fora dele".

*(Sto. Agostinho, **Sermões**, 169-15, 18).*

*"Renovai-vos, pois, no espírito do vosso entendimento, e vesti-vos do **homem novo**" (Apóstolo Paulo, **Efésios**, 4:23-24).*

ÍNDICE

- Em novidade de vida (Introdução) 9
1. Não enganaremos a quem jamais se engana 17
2. De desafios e conquistas 23
3 Exemplos de luz 29
4. Cultivar o corpo 35
5. Aprender a enxergar 41
6. Fogo em nossas bocas 47
7. Nossas bocas e o orvalho divino 53
8. Inconsciência, consciência e fé 59
9. Sexismo social e vida religiosa 65
10. Jesus não se isolou 71
11. Ser humilde não é ser amorfo 77
12. Vivamos a eternidade agora 85

13. Responsabilidade pela família 93
14. Confiar radicalmente em Deus 101
15. Viver em comunidade compreendendo-a 109
16. O próximo e o compromisso político 115
17. Auto-educação 121
18. Exame de consciência como bússola 127
19. Sexualidade e vida 133
20. Escolheste as provas. E agora? 139
21. O Evangelho e as preces como sustentação . 145
22. Da necessidade de instruir-nos 151
23. Sal da terra e luz do mundo 157
24. Renovar-nos para a ação 165
25. A alegria da renovação 171
- Concluir para começar 177

EM NOVIDADE DE VIDA
(INTRODUÇÃO)

Temos presenciado, com maior constância do que seria admissível, pessoas que demonstram visível impaciência e mesmo má vontade quando são anunciadas conferências e palestras sobre o tema da renovação íntima. Em certo sentido até se compreende isto, pois, com alguma freqüência apregoa-se a renovação espiritual como se fora algo tão fácil que, quem vive insucessos iniciais em tais esforços, vai-se sentindo cada vez mais culpado. No entanto, na maior parte dos casos, é mesmo um pouco caso pelo auto-aperfeiçoamento e uma tendência a interpretar-se um convite como alguma cobrança impertinente.

Ora, uma das mensagens centrais dos Evangelhos e do Novo Testamento em geral é a que focaliza a inequívoca necessidade de superarmos o "homem velho", com seus vícios, precariedades e sentimentos negativos, em direção de um "homem novo" a nascer em nosso íntimo, disposto a combater as viciações, a fortalecer-se em Deus para a vida cotidiana e a cultivar sentimentos mais positivos e enriquecidos. É mensagem que vem desde as palavras de Jesus a Nicodemos: "É-vos necessário nascer de novo", palavras plenas de intencional ambigüidade, pois, tanto têm sentido reencarnatório quanto são dotadas de sentido imediato – em termos de renascimento interior, renovação; vem desde as palavras de Jesus, dizíamos, e prossegue em trechos muito inspirados das epístolas dos Apóstolos.

Referindo-se ao Divino Mestre, escreve o Apóstolo Paulo em sua carta aos Romanos: "De sorte que fomos sepultados com Ele pelo batismo na morte; para que, como Cristo ressuscitou dos mortos, pela glória do Pai, assim andemos nós também *em novidade de vida*" (Romanos 6:4). Ora, uma tal mensagem tem sido revigorada ao longo da história do Cristianismo por muitos pregadores e santos, foi nitidamente retomada nas obras codificadas por Kardec, hoje com mais ênfase repercutindo em Humberto de Campos (Irmão X), que em *Brasil, coração do mundo, pátria do Evangelho* escreveu: "Depreende-se, portanto, que *a principal questão do espiritualismo* é proclamar a necessidade da renovação interior, educando-se o pensamento do homem no Evangelho, para que o lar possa refletir os seus sublimados preceitos"; e os principais autores espirituais de agora, desencarnados ou não, seguem proclamando a urgência dos esforços para auto-aperfeiçoamento.

Em nome de toda essa tradição, e considerando que vivemos um tempo difícil no qual as forças negativas da Espiritualidade parecem espernear desesperadamente ante uma iminente virada positiva, é que recebemos do Alto a incumbência de redigir mais um texto que, pautando-se pelas Escrituras Sagradas, fosse descomplicado e bem direto, em suas reflexões sobre a renovação espiritual. É curioso observarmos os desígnios de Deus, pois, na verdade este é caso típico de "atirar-se no que se vê, acertando-se o que não se vê"; isto é, preparava-me para iniciar outro livro espírita, de natureza e tema muito diferentes; mas, ao pôr ante mim as folhas em branco, serenamente fui escrevendo sobre este tema não programado. Assistido pelo Plano Maior, senti-me sempre, mas em minha condição de intuitivo preciso pedir que debitem as eventuais falhas deste pequeno livro a mim mesmo.

Certa vez ouvi de um freqüentador de casa espírita que, após as obras de Kardec, já não havia razão para se dar tanta importância aos textos bíblicos. Como se pode ver, aqui temos um grande equívoco (às vezes partilhado por muitos no meio espírita); afinal, não pretendamos ser mais kardecistas do que Kardec ou "mais realistas do que o rei", pois, ao compor as páginas de *O Evangelho segundo o Espiritismo*, Allan Kardec exatamente tomou para meditação os textos do Novo Testamento, tendo recebido inestimável contribuição da Espiritualidade que lhe ofereceu mensagens de imenso valor. Assim que, qualquer descaso pela cultura bíblica, em específico o conhecimento do Novo Testamento, é coisa da qual o próprio Kardec não partilharia.

Faço tal comentário porque, neste livro, fui beber nas fontes evangélicas com grande encantamento; como também busquei exemplos vários de vida cristã e textos de autores espirituais. Imagino que este não seja um livro melhor do que nenhum outro sobre o tema da renovação espiritual; ele só pretende ser mais uma contribuição que avive nas mentes o chamamento do Divino Jesus para os empenhos de auto melhoramento. E se a presente pequena obra, no final das contas, houver tocado um único coração que seja que se encontrava em período de estagnação, sua missão terá sido cumprida com a graça de Deus.

"A vida é um caminho", ensinava o sábio chinês Lao-Tsé bem antes da era cristã. Somos peregrinos neste mundo, e ninguém pode caminhar o meu caminho em meu lugar, assim como ninguém pode sentir a minha dor por mim ou morrer por mim a minha morte. O máximo que podemos é ser bons companheiros de romagem, partilhando alegrias e sofrimentos – comendo do pão repartido. Depois, o próprio Mestre Jesus afirmou: "Eu sou o caminho, a verdade e a vida"; tendo esclarecido também: "Eu vim para que tenhais vida, e a tenhais em abundância". Assim, vemos que sermos peregrinos é uma condição, e não uma condenação; pois, se nesta experiência reencarnatória podemos, buscando Jesus, contar com verdade e vida – e com vida em abundância – vemo-nos contemplados com bela oportunidade existencial.

O Apóstolo Paulo se queixava de que, com todos

os seus esforços, carregava o "homem velho" como se este fosse um cadáver atado à sua cintura. Eis uma queixa forte e que impressiona. Mas, ao que vemos, faz parte da sabedoria divina mantermos conosco os restos mortais do que superamos, para que a memória nos auxilie a cultivarmos uma das maiores virtudes: a humildade, livrando-nos, assim, de tantas vaidades beatíficas.

Neste pórtico, o que rogamos ao Divino Mestre é que as palavras aqui impressas recebam a energia e as bênçãos do Alto, e que os corações dos irmãos leitores sejam preparados e abertos de par em par para os desígnios de Deus.

Ninguém veio a esta vida "a passeio", retirando sofregamente da vida todos os prazeres, às vezes até mesmo em detrimento das necessidades e alegrias dos semelhantes. Por isto, toda vida tem um sentido e uma finalidade; ora, segundo o estágio evolutivo em que se esteja, será mais fácil ou mais difícil perceber que temos missão a cumprir.

De todo modo, o ideal de vida para todo ser humano está sintetizado com máxima clareza no mandamento áureo de Jesus que exorta a que amemos a Deus sobre tudo o mais e ao nosso próximo como a nós mesmos. Ao mantermos a linha vertical do amor real a Deus, teremos como decorrência a manutenção da linha horizontal do amor aos semelhantes; mas nenhuma destas linhas se sustenta sem a outra.

Que Deus nos fortaleça em nossos esforços de renovação espiritual. Que, em nome de Jesus, a Espiritualidade seja o alimento e o perfume dos nossos dias.

1
NÃO ENGANAREMOS A QUEM JAMAIS SE ENGANA

Conhecemos, de modo tão sofrido, nossas fraquezas e precariedades íntimas; sabemo-nos de tal maneira imperfeitos e até deformados, que o convite à renovação pessoal chega a soar-nos inútil e irritante. "Como posso, com toda a minha fragilidade espiritual, aceitar tal convite?" Então, a tristeza da impotência nos sufoca e faz-nos dar de ombros ante o chamamento para a auto melhoria.

Afinal, vivemos em um mundo difícil, marcado pelos desamores, pelas maledicências, por pequenas e grandes traições; um mundo no qual insensíveis e espertalhões dão-se bem, são aceitos e prosperam materialmente. Com efeito, o ambiente de nosso mundo não estimula a quem deseja verdadeiramente tornar-se melhor.

Deste modo, mesmo os que freqüentam casas religiosas mostram certo enfado ante o chamado à renovação íntima. Algumas vezes, a própria casa religiosa desanima-os. Certa vez, quando o grande Santo Agostinho era bispo em Hipona, foi procurado por um de seus fiéis que lhe disse: "Vejo com imensa tristeza, pai, que a igreja está cheia de pessoas hipócritas, invejosas, que sempre sucumbem à maledicência e às disputas por postos de importância. Chego, então, a perguntar se esta é mesmo a igreja de Jesus. Sinto-me abatido, pai".

Aurélio Agostinho ouviu com toda atenção aquele homem sensível e, sentindo a sua tristeza e o seu desânimo, ponderou com voz mansa: "Filho: leia mais atentamente os Evangelhos. Lendo-os com atenção, verá com clareza que a igreja não é a comunhão dos santos, mas a comunhão dos pecadores". Seguiu explicando, o Santo, que homens e mulheres que precisam de uma igreja, precisam de amparo. De um amparo que não conseguirão encontrar na excessiva facilidade de julgar e no desânimo dos seus semelhantes.

Vencer-se é vencer mais 19

Jesus deixou dito que há mais júbilo no céu por um pecador que se arrependa, do que por muitos justos que se apresentem a Deus.

Psicologicamente, até temos razões para desacreditar de nós mesmos quanto à renovação interior. O que conhecemos de nós às vezes nos assusta ou desanima. Espiritualmente, no entanto, não estamos autorizados a tão prematura desistência; se realmente queremos aperfeiçoar-nos, abramos mão da arrogância de caminhar sozinhos. Peçamos ao Divino Mestre que, através dos seus Mensageiros, socorra-nos em nossas dificuldades, mas prometendo-lhe que, sem preguiça ou desculpas, vamos fazer a nossa parte.

Saibamos que ninguém está só na jornada da vida, b cando constantemente a força que nos pode ser tı ınsmitida pelos bons Espíritos Mentores. "Pedi e dar-se-vos-á", disse Jesus. Necessário então que peçamos a Deus que nos envie educadores do Plano Maior, para que nos assistam intuitivamente na vigília e para que nos lecionem lições de vida espiritual nos silêncios do sono.

Não continuemos, indefinidamente e com ares de falsa humildade, a esconder-nos por detrás do tapume de nossas fraquezas e impotências. Não tentemos enganar a quem nunca se engana, dizendo ao Mestre Jesus: "Não me sinto capaz. Portanto, nem vou tentar!"

Toda ascese é busca de desenvolver-se virtudes. Não podemos realizar a ascese dos outros, nem estes podem fazer a nossa. Cada filho de Deus, arrastando todas as suas culpas e não se intimidando com as próprias fraquezas, tem que assumir a realização de sua ascese.

Falta-nos a virtude da tolerância? Peçamos o apoio da Espiritualidade e façamos a nossa parte, sem dar desculpas. Não logramos sofrer a maledicência à qual sucumbimos com triste facilidade? Conversemos com Jesus, explicando-lhe que, após maldizermos alguém, sentimo-nos péssimos; roguemos ao Mestre que nos ampare no esforço que estamos decididos a fazer. Sentimo-nos demasiado comodistas ante as agruras e sofrimentos alheios? O primeiro passo já foi dado: já alcançamos a consciência dessa falha. Falta agora decidir pormo-nos ao trabalho, sempre contando com o amparo de nossos espíritos benfeitores.

O machado está posto às raízes das árvores e já não é possível ficarmos adiando nossos passos para a luz.

Se somos imperfeitos, Deus é perfeito e nos fortalece; se nos sentimos impuros, Jesus é puro o suficiente para valer-nos a todos; se sentimos incapacidade pessoal, deixemos de lado a petulância de tudo querermos fazer sozinhos e peçamos a contínua assistência do Plano Maior.

Só não podemos é mentir a nós mesmos ou tentar enganar a Deus, inventando falsas razões de adiamento para nossa renovação pessoal. "É-vos necessário nascer de novo!" Isto vale para os renascimentos íntimos, como nos promete novas oportunidades reencarnatórias.

Assistidos e amparados, ajamos nós mesmos!

2
DE DESAFIOS E CONQUISTAS

Às vezes aborrecemo-nos lendo ou ouvindo conferências sobre o tema da renovação espiritual, porque ações e atitudes muito difíceis são-nos apresentadas como se fossem fáceis. "Abdique dos comentários negativos sobre as pessoas; perdoe sempre e de coração leve; não cultive tristezas ou iras; ame a lealdade e jamais minta", aconselham-nos. Nada disto é fácil. No entanto, veremos que nada disto é impossível.

Não se diz a alguém de boa saúde: "Ganhe a maratona de São Silvestre!" Ou: "Vá e escale aquela montanha!" Tudo isto exige cuidadoso aprendizado e muito exercício; tudo isto tem que ser conquistado com informações devidas e quantidade imensa de trabalho. E ainda estamos em exemplos esportivos, quando as conquistas íntimas exigem bem mais. Na verdade, certos conselhos são dados com impressionante desconhecimento das complexidades da alma humana, bem como com desconhecimento de uma sociedade enferma que cerca cada ser humano de hoje.

Todavia, as facilidades são o reino da estagnação. Não estamos nos caminhos da vida para ficarmos à margem, assentados à sombra de uma árvore assistindo aos que caminham para suas metas. Não estamos na vida para estagnar. As sombras generosas das árvores são recursos benditos para que descansemos um pouco; elas não devem ser a morada imóvel dos caminhantes que desistiram. Se neste mundo apenas sorvemos suas delícias e nada oferecemos em troca à vida, vamos desperdiçando as oportunidades de crescimento em nossa encarnação.

Disse o Mestre Jesus: "Quem quiser vir após mim, negue-se a si mesmo, tome a sua cruz e siga-me" (S. Mateus 16:24). Tal afirmação ou convite coloca-nos ante importantes reflexões; não podemos apenas passar por essas palavras sem que meditemos sobre elas. Primeiramente frisou o Divino Mestre o livre-arbítrio, ao dizer: *"Quem quiser* vir após mim"; ninguém se sinta obrigado ou temeroso de castigos de Deus – cada qual decidirá se quer seguir Jesus. Não querendo, escolherá outro caminho e, se tal escolha lhe trouxer aflições, não será castigo de Deus mas o ônus de uma opção problemática.

Em seguida, disse o Mestre: "...*negue-se* a si mesmo...", o que quase sempre interpreta-se mal. Jesus refere-se a que o indivíduo *negue* o que neste sempre houve de pior até aqui: seu egoísmo individualista, sua superficialidade afetiva, suas neuroses materialistas de lucro, suas mesquinhezas. Não pede, o Divino Mestre, que as pessoas se anulem; ao contrário: é lançar cargas negativas fora para segui-lo com maior leveza. Amor, caridade, leveza espiritual e capacidade de perdão não precisam ser negados.

Mas, o Divino Mensageiro não ilude a ninguém. Diz, firmemente: "... *tome a sua cruz* e siga-me". A renovação íntima será às vezes pesada como uma cruz, outras tantas levará a cansaços – os mesmos que derrubaram o Mestre na subida do Gólgota. De certo modo, o ensinamento de Jesus repercute na força e na sonoridade dos versos do poeta Gonçalves Dias: "Viver é lutar. A vida é combate/ que os fracos abate,/ que aos fortes e bravos só pode exaltar".

As verdadeiras e mais densas alegrias estão depois de obstáculos vencidos.

Olhar para os obstáculos e voltar, desistindo, tem um amargo travo de humilhação; também, dar grandes voltas para contornar obstáculos faz-nos continuar a jornada de cabeça baixa. Mas, quando amparados pela força divina e estimulados pela doce voz do Mestre, juntamos nossas forças e vencemos obstáculos, a mais cristalina alegria nos invade. Passamos a acreditar mais em nossas forças, mas, sobretudo, constatamos que ninguém está só e desamparado ante as dificuldades da vida.

A vida é um desafio para conquistas. Com o amparo de Deus, podemos conquistar uma conversação serena e sem maledicências; com a luz de Cristo, venceremos nossas velhas tendências aos ressentimentos e conquistaremos a serenidade do perdão; com o concurso diuturno dos benfeitores do Mundo Maior, lograremos resultados inacreditáveis em nossas vidas. O que antes nos parecia impossível alcançar, com auxílio do alto e trabalho nosso, alcançaremos; afinal, o evangelista disse que "os impossíveis dos homens, são os possíveis de Deus" (S. Lucas 18: 27).

Por haver entendido essas coisas em seu coração, o desnorteado jovem Aurélio Agostinho, que vivia vida dissipada e sob fortes compulsões sexuais, fez o maravilhoso caminho que o levou do lamaçal à santidade, deixando – à feição do rastro luminoso de um belo cometa – para os pósteros a lição inequívoca de que, sob as bênçãos de Jesus, é sempre possível a renovação pessoal. E, na alegria dos obstáculos transpostos, escreveu: "Tarde te amei, ó beleza tão antiga e tão nova! Tarde demais te amei! Eis que estavas dentro de mim, e procurava-te do lado de fora. (...) Eu Te saboreei, e agora tenho fome e sede de ti. Tu me tocaste, e eis que estou ardendo no desejo de tua paz" (*Confissões*, X, 27, 38).

3

EXEMPLOS DE LUZ

"Tomai sobre vós o meu jugo, e aprendei de mim, que sou manso e humilde de coração; e encontrareis descanso para as vossas almas"
(S. Mateus 11:29).

As histórias de vida formam personalidades; mas deformam-nas também em boa medida. Impossível encontrarmos crianças que não tenham vivido grandes desapontos e até traumas, bem como pubertários e adolescentes que não tenham experienciado conflitos às vezes sérios. Além disto, quantos já não trazem, de suas peregrinações por outras vidas passadas, cicatrizes e até ferimentos no espírito? Em um mundo difícil e rude como o nosso, pode-se viver grande seqüência de vidas que trazem lentos aperfeiçoamentos.

Por mais que não nos lembremos das vidas anteriores, somos neste momento a síntese de uma trajetória evolutiva. Eis porque, ao juntarmos a presente história de vida com as marcas em nós gravadas pelas vidas passadas, percebemos que não estamos conseguindo ser e viver como gostaríamos; conhecemos modelos virtuosos de vida que desejamos para nós, mas... encontramos dificuldades de realizá-los.

O Apóstolo Paulo às vezes chegava a expressões desesperadas, dizendo: "Porque não faço o bem que quero, mas o mal que não quero esse faço" (Romanos 7:19). Ora, dificilmente imaginaríamos o Apóstolo Paulo declarando lutar contra obstáculos para a sua reforma íntima! Que diremos nós, então? Mas Paulo aceitou o desafio de auto-melhorar-se e nunca desistiu de lutar, podendo dizer na maior maturidade: "Combati o bom combate, acabei a carreira, guardei a fé" (II Timóteo 4:7). Paulo era um homem, porventura um dos seres humanos mais fortemente dedicado a Deus, mas um homem que nos demonstra ter enfrentado dificuldades semelhantes às nossas. Assim, não devemos também desistir.

Como dizíamos, histórias de vida formam

personalidades, mas deformam-nas também. E felizes aqueles que se conscientizam das próprias fraquezas, deformações e insuficiências, pois, que outra coisa haverá de ser a reforma íntima senão um trabalho constante para consertar os defeitos que desornam e empobrecem nossos espíritos em seus processos evolutivos?

Aflitos por evoluir aceitamos, ainda no plano espiritual, as lutas a que nossa reencarnação nos chamará. Mas, abençoados pelo esquecimento das dívidas anteriores, tendemos a fraquejar quando frente a frente com nossos combates atuais; então, encontramos razões muito espertas para adiar as coisas e nem temos paciência para ouvirmos falar em renovação pessoal.

Em nosso mundo de expiação e provas que quer se candidatar a lugar de regeneração, não encontramos muitas figuras modelares que nos possam inspirar. Dentro de uma mesma família, no interior de uma mesma comunidade, os estágios evolutivos dos espíritos encarnados são muito diferenciados; de modo que, olhando para alguns, sentimo-nos inferiorizados; observando outros vemo-nos – com ou sem razão – mais evoluídos; enquanto que avaliando ainda outros mais, estes nos desnorteiam com suas insinceridades e encenações. Na verdade, não temos à mão muitos modelos que nos estimulem e norteiem.

Mesmo assim, com boa vontade não nos será impossível enxergar, por entre o cipoal de desamores que é o nosso mundo humano, figuras luminosas porque não abriram mão de evoluir e há muito entenderam que isto só é possível em constante comunhão com Deus e com a Espiritualidade Maior.

A frágil e enfermiça Irmã Dulce adorna o Cristianismo católico com suas luzes. O poeta e pensador hindu Rabindranath Tagore, cultiva os Vedas enamorado do Cristo, e deixa uma esteira luminosa ao partir deste nosso mundo. Chico Xavier, delicado de saúde mas com sua vida doada à caridade do cristianismo espírita, vai caminhando para os noventa anos e esparzindo a luminosidade de sua obra e do seu grande coração. Albert Schweitzer, o médico dos aflitos na África Equatorial, sábio e um dos mais notáveis músicos deste século, em nome de um cristianismo independente deixou-nos lições imortais de fé e obras. E assim igual com Mahatma Ghandi, com Madre Tereza de Calcutá e tantos outros.

Não se imagine que todos estes, como também o

abnegado Divaldo Franco, não tenham enfrentado dificuldades interiores e exteriores para a sua ascese mística e para o desenvolvimento dos respectivos trabalhos. Respeitando maximamente essas figuras de luz, não devemos mitificá-las. Foram seres humanos, beberam da água e comeram dos frutos da terra; passaram aperturas e muitas vezes terão chorado em horas silenciosas. O que esses grandes espíritos nos ensinam é a maior das lições: a de que a reforma pessoal e a busca de mais luz são possíveis. Estejamos certos: em suas histórias de vida, todos experimentaram situações que os formaram e os construíram, bem como vivenciaram situações que os deformaram nisto ou naquilo e ameaçaram destruí-los.

No entanto, vivendo cada minuto de suas vidas como um toque de transcendência e mantendo-se em comunhão com Deus, certamente foram assistidos e inspirados pelos Espíritos Benfeitores do plano maior e, cada qual ao seu modo, deve ter sentido o que sentiu o Apóstolo Paulo: "Combati o bom combate, acabei a carreira, guardei a fé".

Peçamos ao Divino Mestre força e assistência espiritual para os nossos esforços de auto melhoramento. Os Mensageiros do Mestre certamente farão por nós tudo o que puderem, desde que façamos nossa parte. Qual é a nossa parte? Pede-se que expliquemos com maior clareza qual é a nossa parte? Em nome de Jesus, tentemos, nas páginas seguintes, abordar de forma mais objetiva os questionamentos acima.

4
CULTIVAR O CORPO

"Ou não sabeis que o vosso corpo é o templo do Espírito Santo, que habita em vós, proveniente de Deus, e que não sois de vós mesmos?" ***(I Coríntios 6:19)***.

Dizem os filósofos que nós somos um corpo como forma de presença no mundo. Na verdade, em situação normal, só nos enxergamos por causa de nossos corpos. Mas, nem mesmo os filósofos mais descrentes ousam afirmar que somos *apenas* um corpo como presença no mundo. O Dr. J.B. Rhine esclareceu, com sua capacidade científica, que coisas como inteligência, emoções, criatividade de nenhum modo foram inteiramente explicadas pela ciência; afinal, ensinou Rhine, uma coisa é o *cérebro* – aparelho neuro-eletroquímico do pensar e do agir – e outra coisa é a *mente*, que nas experiências parapsicológicas se tem mostrado uma realidade extrafísica e que age de modo extrafísico sobre o cérebro e todo o complexo humano.

Nós, guiados pelos textos sagrados do Cristianismo e fortalecidos pela terceira Revelação (codificação kardequiana), vivemos a certeza que vibra nas palavras do Apóstolo Paulo, tais como aparecem em epígrafe deste capítulo. Nosso corpo é templo do Espírito Santo e quantas vezes o violentamos ou desrespeitamos, seja com excessos de bebidas, com drogas, alimentos agressivos ou despautérios sexuais! Deus habita em cada um de nós, naquilo que somos feitos à sua imagem e semelhança, e, enquanto viventes, maus tratos ao corpo afetam negativamente nosso padrão espiritual vibratório, na mesma medida em que os desequilíbrios espirituais podem prejudicar-nos a saúde física. E, como diz o Apóstolo, não somos corporeamente donos de nós mesmos, de vez que embora formando um com o corpo enquanto viventes, este é uma maravilha cósmica a nós emprestada para cumprimento de missão encarnatória.

De todo modo, quase sempre a renovação pessoal tem que começar pela maior consciência de que nosso corpo é dádiva sublime que precisa ser cuidada e amada. Organização anatômica perfeita e dotada de tais sutilezas fisiológicas que deixa-nos perplexos saber, por exemplo, que apenas o fígado cumpre mais de 500 funções de importância. O Apóstolo Paulo, dirigindo-se aos fiéis de Corinto, em sua primeira carta, radicaliza ao escrever: "Não sabeis vós que os vossos corpos são membros de Cristo? Tomareis, pois, os membros de Cristo e fá-los-eis membros de uma meretriz? Não, por certo". (I Coríntios 6:15).

Os viciados em ininterrupto trabalho, que não dão aos seus corpos o devido repouso; ou os viciados em sedentarismo que, ao contrário, não dão aos seus corpos os benefícios das atividades físicas; os glutões, que põem no comer o centro de suas vidas; os maníacos com regimes e dietas que entregam-se à condição de *objetos* desejáveis, bem como os sexualmente destemperados; todos estes encontramos em quantidade e não parecem ter consciência de que seus corpos são "o templo do Espírito Divino".

Há, assim, que começar-se a reforma pessoal pelo mais palpável: o corpo. Há que alimentar-se *bem,* o que não implica exageradas quantidades, mas boa qualidade nutricional. É necessário que se mantenha limpo este corpo no qual habita o Espírito Divino; limpo por dentro – pela não ingestão de alimentos claramente nefastos – e por fora, com os cuidados do asseio que, além de serem princípios de saúde, são manifestação de respeito por si mesmo e auto-estima.

Ainda uma vez é o Apóstolo Paulo que diz: "E há corpos celestes e corpos terrestres, mas uma é a glória dos celestes e outra a dos terrestres" (I Coríntios 15:40). O texto está afirmando: ambos têm glória, cada qual a sua. A glória dos espíritos é tratarem-se e se melhorarem para que trabalhem melhor na seara do Senhor; mas a glória dos corpos terrestres é a de manterem-se, na medida do possível, veículos sãos e prontos a auxiliarem espíritos encarnados em sua peregrinação por este planeta.

No que depender de nós, louvemos a Deus com nossa respiração que é vida; com o bailado do sangue por nossos corpos e com as efusões de nosso sistema nervoso. Celebremos a vida vivendo, porque, se vivermos em plenitude estaremos em constante e rica relação com o plano maior. Sem narcisismos ou outros egoísmos vaidosos, mas apoiados nos ensinamentos evangélicos e na fé, comecemos por amar os nossos corpos: eles são nossa presença visível no mundo e eles manifestam nosso Deus interior.

Viver com *entusiasmo*, de vez que esta palavra significa, etimologicamente, celebrar-se o Deus interior.

Que Jesus, o príncipe da paz, nos conduza neste início. O início pode ser uma aurora.

5

APRENDER A ENXERGAR

> *"A candeia do corpo é o olho. Sendo pois o teu olho simples, também todo o teu corpo será luminoso; mas, se for mau, também o teu corpo será tenebroso"* (**S. Lucas 11:34**).

Você vê o mundo em que vive? Naturalmente que, tendo os olhos normais, responderá: "Sim, é claro que vejo!" Mas ainda cabe perguntar se você o tem *enxergado* em sua beleza e profundidade. Uma menina norueguesa, em estado terminal de enfermidade, escreveu em seu caderninho: "Não é a criança que vem ao mundo, mas sim o mundo que vem para a criança. Nascer é receber de presente o mundo inteiro". No entanto, no mais das vezes, somos tão displicentes que não fazemos mais que transitar por nosso mundo sem buscarmos enxergá-lo em sua riqueza.

O céu sobre as nossas cabeças, as terras e as águas, toda a paisagem enfim canta a glória das mãos do Criador. Mas estamos disponíveis para ouvir este cântico? Corremos tanto, daqui para ali, às vezes atrás de banalidades, que esquecemos o divino azul do céu lá em cima, tendo mesmo dificuldade de deter-nos nas tonalidades e formas prodigiosas do nosso mundo.

Conheço um jovem com sensibilidade de artista (ele é músico) que me disse ser sua maior alegria procurar, quando possível, um campo sossegado. Deitando-se na relva, contempla o céu mergulhando no azul e viajando com as nuvens que se movimentam. "Depois de um tempo", disse-me o jovem, "sinto em mim a profunda alegria de ter-me recarregado de energias maravilhosas!"

Mas nosso mundo é também – ou sobretudo – o mundo humano, com as eloqüentes fisionomias e com a linguagem corporal dos nossos semelhantes. Pode parecer incrível, mas há infelizes pessoas de tal modo ensimesmadas, de tal maneira egóticas, que atravessam uma vida inteira sem descobrir *de fato e em plenitude* os outros. Ora, se não

Vencer-se é vencer mais 43

comungamos com nossos semelhantes e irmãos de jornada terrestre, fica impossível comungarmos com Deus. Pensemos a vida como uma linha horizontal, em cima da qual ergue-se outra linha, agora vertical; linha horizontal da comunhão com os semelhantes e linha vertical da comunhão com Deus. É impossível viver-se vida plena e significativa mantendo-se só uma dessas linhas; elas são interdependentes.

Vivemos uma vida social tão pragmática e agitada, que as pessoas estão sequiosas de atenção: querem *ser ouvidas*. Não se tem paciência e tempo para ouvir os irmãos de caminhada existencial. Lotam-se clínicas psiquiátricas e psicológicas de seres humanos aflitos que se dispõem a pagar para que sejam ouvidos; casas de reeducação de dependentes de drogas enchem-se de adolescentes e jovens que não conseguiram ser caridosamente ouvidos por seus familiares ou por seus professores, estes últimos sempre tão preocupados com o programa da disciplina a ser esgotado!

As relações entre as pessoas, numa sociedade materializada, tendem a ficar grosseiras e até agressivas. Todos parecem estar temerosos defendendo-se todo o tempo. No entanto, o segredo da alegria de viver está também em aceitarmos ser vulneráveis. Não custa sorrir para alguém que, numa fila bancária por exemplo, traz o semblante sofrido e carregado; não precisa ser sacrifício trocarmos palavras afáveis no comércio ou no ônibus, sobretudo com aqueles que nos atendem. O mais problemático que pode acontecer é não sermos compreendidos em nossa intenção boa, não recebendo um sorriso de volta ou recebendo uma clara negativa de continuar a pequena conversa. Isto virá, no entanto, de pobres irmãos nossos já demasiadamente contaminados com as enfermidades sociais vigentes; de modo que, valerá sempre a pena não desistir e continuar tentando aberturas para com o mundo humano. Se todos desistirem, esse mundo deixará de ser humano, no melhor sentido deste termo.

Gestos difíceis, às vezes violentos, apenas mostram uma ferida na alma de quem os faz. Precisamos aprender a enxergar isto. Conta-se que o grande escritor russo Dostoiévski caminhava, certa vez, distraidamente por uma calçada da cidade de São Petersburgo, quando deu um involuntário encontrão num transeunte, o qual de imediato deu-lhe um sonoro tapa no rosto. Dostoiévski olhou profundamente nos olhos irados de seu agressor, e disse-lhe: "Como o senhor deve ser infeliz para bater assim num desconhecido!" O escritor, mais do que apenas olhar, sabia enxergar; e nós devemos aprender com essas grandes almas.

A multiplicidade de personalidades e tipos humanos com os quais lidamos constitui a riqueza caleidoscópica que Deus nos oferta para ampla e profunda aprendizagem. E não nos esqueçamos de que este mundo humano ainda é ornamentado por animaizinhos domésticos, seres de estimação às vezes capazes de uma ternura inexcedível.

É, assim, parte nossa, no esforço de reforma íntima, o aprendermos a enxergar a densidade do mundo, natural e natural-humano.

Olhamo-nos ao espelho e nos vemos. Mas o semelhante é o melhor espelho para que vejamos nossa imagem mais real. Somos uma presença prazerosa aos demais? Louvemos a Jesus, pois isto é uma bênção. Irritamos ou infelicitamos filhos, esposa ou esposo, amigos ou colegas de trabalho? Peçamos ao Mestre a possibilidade de, melhorando-nos, melhorar nosso padrão vibratório para os demais.

E quando, na intimidade dos aposentos domésticos erguermos a Deus nossa prece, aí é que poderemos com mais clareza, mais do que ver, enxergar nosso mundo interior.

Que o nosso olhar seja bom, para os outros e para nós mesmos. Os hebreus, ao falarem da *carnalidade* e do *corpo*, referiam-se ao todo humano: corpo, perispírito e espírito. Daí proferido Jesus, segundo o evangelista S. Mateus: "A candeia do corpo são os olhos; de sorte que, se os teus olhos forem bons, todo o teu corpo terá luz; se, porém, os teus olhos forem maus, o teu corpo será tenebroso. Se, portanto, a luz que em ti há são trevas, quão grandes serão tais trevas!" (S. Mateus 6: 22-23).

A melhor maneira de sabermos se estamos aprendendo a enxergar a profundidade do mundo e da vida, é observarmos nossa facilidade para julgar os outros. Os que mais julgam são os que ainda não enxergam.

6

FOGO EM NOSSAS BOCAS

> *"Se alguém entre vós cuida ser religioso, e não refreia a sua língua, antes engana o seu coração, a religião desse é vã"* (**S. Tiago 1:26**).

A fala humana, ao mesmo tempo que é uma bênção, pode pôr a perder, com grande facilidade, nossos esforços evolutivos. A facilidade de julgar os semelhantes, os comentários de má vontade, as ironias, os deboch04es e os cinismos são empobrecimentos para quem os faz e, às vezes, comprometimento da paz dos que são vítimas de tais agressões. No entanto, essas coisas são tão comuns na conversação! Nem todos sabem que a maledicência faz cair o padrão vibratório dos que a praticam, podendo mesmo dar origem a enfermidades orgânicas – para não nos determos nos desequilíbrios psíquicos.

Uma das piores faces da maledicência é a habilidade que às vezes temos de levantar suspeitas sobre a vida e o comportamento dos nossos semelhantes, pois, sabe-se muito bem que ouvidos igualmente mal intencionados transformam, facilmente, suspeitas em denegrimento e calúnia. Infelizmente nosso mundo ainda é suficientemente atrasado para se comprazer com intrigas e falatórios. E quem deseja fazer a sua parte em seu processo evolutivo tem que, antes de mais nada, esforçar-se por refrear a própria língua.

Isto é uma *ascese*: isto é, a busca às vezes trabalhosa de uma virtude. Portanto, exige: a) vontade real de se melhorar; b) paciência para trabalhar-se, pois tal virtude nem sempre se consegue de imediato; c) exercícios constantes de auto moderação, para se chegar à meta desejada. Mas, como dizia Sêneca na Roma antiga, se o preço do vício é o próprio vício, o prêmio da virtude é a própria virtude; nenhum viciado precisa ser punido, pois sua punição é o fato mesmo de estar subjugado por um vício; do mesmo modo não é necessário dar-se recompensas ao virtuoso, pois sua recompensa é a própria alegria da virtude alcançada. Que fique, entretanto, bem claro: para que um ser humano se melhore, precisa dispor-se a constante trabalho sobre si mesmo; as virtudes são conquistas que, ou foram alcançadas já em vidas passadas, ou têm que ser logradas, sob esforço e disciplina, nesta vida.

De um ponto de vista espiritual, a conversação maldosa atinge mais quem a pratica do que quem é sua aparente vítima. Em *O Livro dos Espíritos*, obra obtida da espiritualidade e comentada sabiamente por Allan Kardec, mais precisamente em sua questão nº 903, mostra interpelação feita aos espíritos assim: "Há culpa em estudar os defeitos alheios?" À qual respondeu o Espírito de Verdade da seguinte forma: "Se é com o fito de os criticar e divulgar, há muita culpa, porque isso é faltar com a caridade. Se é com intenção de proveito pessoal, evitando-se aqueles defeitos, pode ser útil. Mas não se deve esquecer que a indulgência para com os defeitos alheios é uma das virtudes compreendidas na caridade. Antes de censurar as imperfeições dos outros, vede se não podem fazer o mesmo a vosso respeito" (pág. 335). Ora, o enunciado da referida questão argui se há culpa em *estudar* os defeitos alheios.

Estudá-los não implica necessariamente maledicência, mas, mesmo assim – muito cuidadosamente – o Espírito de Verdade diz haver *muita culpa* se a intenção é a de criticar e divulgar tais defeitos, lembrando que a indulgência para com as fraquezas dos semelhantes é compreendida pela caridade, com a qual não podemos faltar em relação aos nossos irmãos.

O Apóstolo Tiago é incisivo no tratar as conversações maldosas. Em sua Epístola escreve: "Ora, nós pomos freio nas bocas dos cavalos, para que nos obedeçam; e conseguimos dirigir todo o seu corpo. Vede também as naus que, sendo tão grandes e levadas de impetuosos ventos, se viram com um bem pequeno leme para onde quer a vontade daquele que as governa. Assim também a língua é um pequeno membro, e gloria-se de grandes coisas. Vede quão grande bosque um pequeno fogo incendeia. A língua também é um fogo..." (S. Tiago 3:3-6). Adiante exorta: "Irmãos, não faleis mal uns dos outros" (4:11). Diz mesmo o Apóstolo que a língua pode contaminar todo o corpo – lembrando ainda uma vez que os hebreus, ao dizerem *corpo* referiam-se à totalidade humana.

Não cremos que o combate à maledicência, ou

simplesmente à tendência crítica, deva remeter-nos a uma passividade forçada e omissa. Com discrição, às vezes precisamos analisar atitudes e comportamentos equivocados para não sermos omissos ou parecermos de acordo com tais ações. O que importa é que nossos pontos de vista sejam expostos sem animosidade mal intencionada e, sobretudo, que se tenha a completa discrição de não se propalar aos quatro ventos considerações que devem ser cuidadosamente direcionadas, para que não causem prejuízos e danos a outrem.

Nossas preces, como sempre ocorre, terão importante papel nesta ascese. Mantendo-nos em comunhão com o Mestre e com seus mensageiros, iremos depurando e equilibrando nossa conversação, até que ela seja algo que – embora não deixe de mostrar posições próprias nítidas – se traduza na *bênção do falar*.

Para tanto, precisaremos preparar-nos também para ouvir os muito críticos e maledicentes, com habilidade para – sem poses humilhantes de superioridade – mudarmos serenamente o assunto ou o rumo da conversação. Purificar nossa conversa é medida de higiene espiritual, é agradável conquista de equilíbrio emocional e benefício mesmo à nossa saúde orgânica.

Visitando pessoas que têm enfermidades orgânicas graves, comovemo-nos com o sofrimento que assistimos e invade-nos a compaixão. No entanto, ao vermos pessoas emocional ou espiritualmente fragilizadas e doentes e, em conseqüência, com comportamentos e atitudes desagradáveis, sucumbimos à tendência de criticar e mesmo maldizer tais irmãos nossos, envoltos na sua infeliz condição.

Já se disse com extrema sabedoria que, se não for possível termos palavras decentes e boas sobre alguém, que tenhamos ao menos a caridade de silenciar.

Com a graça de Deus, haveremos de conquistar tal virtude!

7

NOSSAS BOCAS E O ORVALHO DIVINO

> *"Ainda que eu falasse as línguas dos homens e dos anjos, e não tivesse caridade, seria como o metal que soa ou como o sino que tine. E ainda que tivesse o dom de profecia e conhecesse todos os mistérios e toda a ciência, e ainda que tivesse toda a fé, de maneira tal que transportasse os montes, e não tivesse caridade, nada seria".* (***I Coríntios 13:1-2***).

Feliz aquele que, em um momento de exasperação ou mesmo de desespero, encontra alguém que o socorra com palavras de serena generosidade. Mas, certamente mais feliz é aquele que, movido por íntima caridade, derrama esse orvalho divino sobre as feridas da alma inquieta que o procura. Afinal, a brandura consoladora é extraordinária virtude que uma vida conquista às vezes superando tendências difíceis. Muitas vezes vi pessoas buscarem outras, tensas e em lágrimas, e da conversa saírem com luminoso sorriso de alívio e gratidão.

A mesma língua que é labareda capaz de incendiar toda uma floresta, pode se tornar fonte de fresco orvalho que dá conta de neutralizar aquelas chamas ameaçadoras. Assim é o ser humano: a mão que aciona um gatilho pode ser também manancial de carícias; os olhos que a tudo observam com má vontade e malícia, podem ser os mesmos que vêem a grandeza do Criador no azul do firmamento; os pés que espezinham ou chutam um dia caminham longa distância para irem oferecer perdão e amor. Tudo depende de que o móvel das nossas ações seja o desamor ou a caridade. Chegamos a este mundo, comumente, muito individualistas e cheios de egoísmo; e o Divino Mestre logo convida-nos a que, sob sua proteção, conquistemos o amor ao semelhante. O livre-arbítrio garante-nos a liberdade de escolha, mas ensina-nos que o plantio é livre mas a colheita é obrigatória; de modo que, a não aceitarmos o convite do

Mestre, precisaremos colher – cedo ou tarde – os complicados frutos das sementes que plantamos.

Jesus disse o que o evangelista S. Lucas registrou: "O homem bom do bom tesouro do seu coração tira o bem, e o homem mau do mau tesouro do seu coração tira o mal, porque da abundância do seu coração fala a boca" (S. Lucas 6:45). Ora, esta é uma linguagem muito própria do Cristianismo primitivo, quando no primeiro século da nossa era os Evangelhos foram escritos como uma memória da sabedoria de Jesus. Hoje temos outro modo de compreender a mesma coisa. Por exemplo: o que é *homem bom*, nesta passagem bíblica? É um santo que jamais falha ou peca? É um sábio da doutrina cristã?

O *homem bom* é aquele que, dotado de autocrítica, percebe-se demasiado imperfeito e, não querendo estagnar-se evolutivamente, busca – no espírito do Cristo – lutar pelo aperfeiçoamento que lhe seja possível. Este, do bom tesouro do seu coração, pode tirar o bem. Mas o que é *homem mau?* É homem bravo? Alguém sempre inspirado por demônios a desejar a infelicidade de seus semelhantes? Não exatamente. O *homem mau* é aquele que, também dotado de autocrítica, percebe-se prisioneiro de maus sentimentos e cheio de imperfeições, mas se compraz em permanecer como é e não deseja esforçar-se minimamente para evoluir. Embora saibamos que esta é uma condição passageira, pois nenhum espírito ficará eternamente nessa negatividade, este homem tira do mau tesouro do seu coração palavras, atitudes e ações más.

O grande fato a considerar-se é que a boca de todo ser humano fala do que está cheio o seu coração. Atenção pais e mães! Atenção professores e professoras! Todos atentem para isto. Afinal, quando no decálogo mosaico aparece o mandamento "Não matarás", tem-se a tendência simplificadora de se pensar apenas em homicídios — mortes por revólver, faca, estrangulamento, etc. No entanto, é importante lembrarmo-nos de que nossas palavras podem ferir uma personalidade, podem *matar* nessa personalidade o que ela tem de melhor. Com essas palavras podemos aniquilar, como podemos doar vida e alegria aos nossos semelhantes.

"Aprendei de mim, que sou manso e humilde de coração", disse o Divino Mestre.

Deve ser horrível para uma criança ouvir um "Cale a boca!" Deve ser horrível também para um idoso escutar alguém, com irritação na voz, dizer-lhe: "O senhor já me falou isto!" Ou: "Já cansei de lhe explicar. Parece que a senhora não grava mais as coisas!" São muitas as nossas possibilidades de infelicitarmos os outros com o que falamos.

Todavia, não são menores as possibilidades de amparo e consolação, com o que falamos. Na primeira carta do Apóstolo Pedro está dito: "Se alguém falar, fale segundo as palavras de Deus" (I Pedro 4:11). Jesus foi sempre caracterizado por sua mansuetude, pela doçura de suas consolações; mas falava com autoridade e, nos momentos estritamente necessários, chamava aos fariseus: "Raça de hipócritas", e também, quando foi preciso, expulsou os mercadores do templo, azorragando-os.

Não parece cristão que sejamos *sempre* e *artificialmente* passivos. Como disse o tribuno Rui Barbosa, a "ira santa" é perfeitamente cristã, pois que esta só se manifesta para corrigir e educar, para rejeitar injustiças; o que não devemos e não podemos cultivar é a "ira vaidosa", que esta é expressão de pobreza íntima e intolerância com as imperfeições dos nossos irmãos.

Mas, peçamos ao Mestre e aos bondosos mensageiros

do Plano Maior que alcancemos a graça e a virtude de que, na maior parte do tempo, nossa fala console, ampare e seja expressão do orvalho divino. Não acrescentemos atribulações e tumulto a um mundo já de si tão tumultuado.

Sem artificialismos, mas educando os nossos corações, vivamos a responsabilidade do que dizemos aos nossos irmãos, exercitando-nos para termos palavras que possam ser sentidas como "palavras de Deus" ou inspiradas por Ele. Os corações aflitos e desesperados estão em momentâneo estado de desequilíbrio, e haverá júbilo no plano espiritual se, com ternura e generosa serenidade, lograrmos apaziguá-los.

Será nosso gesto de gratidão por Aquele que, entre incompreensões, foi "manso e humilde de coração".

8
INCONSCIÊNCIA, CONSCIÊNCIA E FÉ

> *"Se não podes fazer todo o bem que queres, isso não é motivo para que te negues a fazer tudo o que podes"* (**Santo Agostinho**).

Um desconhecimento psicológico que faz as coisas da mente humana parecerem fáceis e simples em termos de renovação pessoal, não leva a bons resultados. Toda personalidade humana, neste plano evolutivo de carências, tem um lado de sombras cuja dimensão nem conhecemos; bem como tem um lado luminoso, trabalhado pela luz da razão e pelas decisões lúcidas. Pensadores outros e o Dr. Sigmund Freud, este na virada do século XIX para o XX, estudaram o sombrio inconsciente humano, no qual se agitam forças de tal vigor que influenciam também o consciente, no ser humano.

A razão não tem poderes muito grandes sobre as forças irracionais do inconsciente. Talvez por isto o Apóstolo Paulo se lamentasse, dizendo: "O bem que quero fazer não faço; mas o mal que não quero, este sim, eu faço". Às vezes sofremos muito com contradições que existem em nosso íntimo e que infiltram conflitos em nosso cotidiano. São ímpetos e desejos que não queríamos ter, mas temos; são súbitas atitudes e ações nossas que nada têm a ver com nossas racionais convicções religiosas; são sonhos trazidos por nosso sono, exprimindo desejos inconscientes que conscientemente rejeitamos, e até devaneios que nos pegam de surpresa e nos deprimimos a pensar: "Quando evitarei estas coisas que ofendem minha fé? Quando serei coerente?"

Não temos como eliminar nosso inconsciente e nem podemos sufocá-lo por inteiro sem que a sua "cobrança" mais tarde seja violenta. Todavia, fica cada vez mais claro que em nosso lado de sombras não existem apenas sentimentos negativos ou problemáticos. Há aspectos de sabedoria profunda na espiritualidade do inconsciente. E aí, a consciência e a fé passam a cumprir importantíssimo papel, pois, o Mestre Jesus exaltou os "corações limpos", e estes são os corações daqueles que se dispõem a constantemente lançar as luzes da consciência e da fé sobre obscuras tendências que venham do inconsciente.

O consciente, quando fortalecido por uma ética cristã, quando alimentado pelos ensinamentos da Espiritualidade maior e sustentado pela fé, faz-se menos vulnerável aos assaltos indomináveis e problemáticos do inconsciente. E a fé casada com as obras faz mais: fortalece a Espiritualidade positiva que há na inconsciência, como ensinou e demonstrou o médico e psicanalista Viktor Frankl.

Esta a razão pela qual Santo Agostinho, uma das figuras da equipe do Espírito de Verdade, diz que: "Se não podes fazer todo o bem que queres...", deixando claro que os caminhos do auto-aperfeiçoamento são difíceis e exigem paciência, "isso não é motivo para que te negues a fazer tudo o que podes". Espíritos vindos para a reencarnação desejosos de conseguir o máximo em evolução, nós às vezes idealizamos um modo de ser e de viver que não dê lugar a fraquezas e contradições, que não comporte erros. Grande infantilidade espiritual é pensarmos assim! Habitamos um mundo precário e não destinado aos espíritos muito merecedores, crescemos em sociedades enfermas e injustas e, dentro de nós no mais profundo, trazemos uma história de seres devedores em razão de fraquezas e graves erros em vidas pregressas. Então, a primeira lição a aprendermos é a seguinte: que neste mundo ninguém é tão perfeito que possa fazer todo o bem que idealize, bem como ninguém é tão impotente que não possa fazer o que está ao seu alcance.

Nas Escrituras, na carta endereçada aos Hebreus, cuja autoria é por muitos atribuída ao Apóstolo Paulo, lemos: "Ora, a fé é o firme fundamento das coisas que se esperam, e a certeza das coisas que se não vêem" (Hebreus 11:1). Esta afirmação põe-nos perante o fato de que o elemento central da fé é a *esperança*, que não nasce do nada, mas das muitas demonstrações da presença de Deus em nossas vidas; de modo que, ter ou não ter fé significa ter ou não ter sensibilidade à Grande Presença que intervém em nossas vidas enviando-nos os mensageiros da luz.

O mesmo texto, referindo-se a Moisés, diz-nos: "Pela fé, Moisés, sendo já grande, recusou ser chamado filho da filha de Faraó", e mais adiante: "Pela fé, ele deixou o Egito, não temendo a ira do rei; porque ficou firme, *como vendo o invisível*" (Hebreus 11: 24, 27). Pelo que se pode ver que o poder da fé está no fundamento das grandes realizações de toda vida.

Mas não se vive a plenitude da fé com cabeça de membro de torcida de futebol, dizendo: "Sou espírita, felizmente; pobres dos demais que têm outras crenças!" Ou "Sou católico porque Deus me chamou para a religião verdadeira!"; ou "Sou evangélico e me sinto um escolhido, pois, muitos serão chamados mas poucos serão escolhidos". Uma crença que não põe limites à arrogância não merece ser chamada de fé. Como escreveu Santo Agostinho, "A fé é tão necessária para a vida como a raiz o é para a árvore" (*Comentário aos salmos*, 139, 1). Fé, que é seiva de vida, nada tem que ver com a morte, representada pelos preconceitos arrogantes; vivendo-se a fé, no sentido mais pleno da palavra – a fé que se traduz em obras – importará pouco a que grupo religioso se esteja ligado. Os esclarecimentos virão, no momento adequado do processo evolutivo.

Tive, há muitos anos, como colega de trabalho uma grande escritora que, subitamente, perdeu uma filha tristemente assassinada entre as pedras da beira de um rio. Quando me encontrei com aquela senhora de porte altivo e sofrimento visível no rosto, não encontrei palavras que lhe pudesse dizer e fizessem sentido naquela hora. Assentei-me apenas ao seu lado e lhe fiz companhia. Então aquela brilhante mulher olhou-me meditativamente, dizendo a seguir: "Amigo! se eu pudesse ter o consolo da sua fé haveria de sofrer menos; mas você sabe que sempre fui agnóstica. Nesta hora, não tenho amparo e nem o consolo que fortalece os crentes!"

Senti imenso sofrimento em suas palavras. Abracei-a, continuando em silêncio, pois pedia a Jesus que um dia tocasse aquele rico coração. Fé é seiva a sustentar a vida; raiz a manter a árvore. Quando o nosso consciente decide lutar por evoluir e, através da prece, alimenta-se de fé, os assédios problemáticos vindos do sombrio inconsciente vêem-se enfraquecidos. E as boas coisas, também vindas do inconsciente, enamoram-se da seiva da vida: nossa fé consciente.

9

SEXISMO SOCIAL E VIDA RELIGIOSA

"Nossa vida é uma peregrinação. E, como tal, está cheia de tentações. Porém, nossa maturidade se forja nas tentações. Ninguém conhece a si mesmo se não é tentado; nem pode ser coroado se não vence; nem vencer se não luta; nem lutar se lhe faltam adversários".
(Santo Agostinho)

Muitas deformações sociais e desvios de caráter são provocados pelas expectativas que o meio social cultiva quanto aos comportamentos de homens e mulheres. A sociedade estabelece coisas a esperar-se de homens e coisas a esperar-se de mulheres, em termos de atitudes e ações.

Às vezes, tais expectativas são corretas e ajudam o bom convívio social; mas outras vezes, são resultantes de equívocos de mentalidade e traduzem sérios preconceitos, sempre prejudiciais à vida individual e à coletiva.

Tradicionalmente, temos vivido uma concepção demasiado sexista de vida religiosa; o meio social, consideradas sempre as exceções nele encontráveis, espera que os homens sejam figuras de ação e pragmatismo, entendendo por masculinidade o não se sensibilizar tanto com questões religiosas. Preocupações e sensibilidades religiosas são vistas como mais próprias da contemplatividade passiva da alma feminina.

As pessoas religiosamente fanatizadas são apelidadas de *carolas*; e algumas vezes temos ouvido que "Nada é mais ridículo do que *um homem* carola", perdendo-se o ângulo correto de visão segundo o qual "Nada é mais aborrecido e inadequado do que uma pessoa carola", tanto fazendo que esta seja do sexo feminino ou masculino. A alcunha de *carola* é já feminizante e, com bom senso, devemos repeli-la; agora, o adjetivo *ridículo* é, normalmente, dotado de crueldade. Todavia, a visão correta – seja psicológica seja sociologicamente – é a de que qualquer pessoa fanatizada é problemática em razão de que, limitada por antolhos, tem dificuldade de ver plenamente a pluralidade do mundo humano, sendo vítima de atitudes paranóides do tipo: "Quem não pensa como eu penso, ou não crê no que eu creio, é errado e indesejável".

Nosso sexismo social chega ao ponto de desconfiar da virilidade de homens que se empenham de fato em uma causa espiritualizada. E nem sempre se percebe o grau de equívoco em que nossa sociedade se enredou, obstaculizando vocações religiosas que poderiam realizar-se brilhantemente em benefício das pessoas e das coletividades. Nisto vemos que não somos assediados apenas por influências espirituais negativas de desencarnados, mas somos tentados pelas próprias deformações sociais em meio às quais fomos educados e nas quais vivemos.

Pensando nas imperfeições de nosso mundo é que Santo Agostinho nos lembrou ser a vida uma peregrinação cheia de tentações. Porém, adverte: "Nossa maturidade se forja nas tentações. Ninguém conhece a si mesmo se não é tentado". *Tentação* é uma palavra muito característica do Cristianismo primitivo e da chamada *Patrística* – época dos grandes edificadores do Cristianismo, como São Jerônimo, Santo Ambrósio, Santo Agostinho e – antes destes – Clemente de Roma. Na linguagem de agora, falaríamos em condicionamentos negativos ou pressões sociais ou individuais. E o sexismo social é um desses condicionamentos ruins, é uma dessas pressões nefastas que se exercem sobre o indivíduo como membro da sociedade. Afinal, quantos adolescentes, moços e homens feitos deixam de perseguir uma renovação íntima acorde com os Evangelhos e com a Doutrina Espírita, porque não desejam ser vistos através da lente de equívocos do meio social, como indivíduos de sensibilidade feminina, dados a preocuparem-se com coisas mais esperadas das mulheres. Ora, como o espírito não tem sexo, tudo isto não passa de lamentável distorção do sentido que deve ter a vida religiosa.

É claro que a contemplação assídua dos profundos desígnios de Deus, bem como a constante meditação acerca das nossas imperfeições e sobre nossa condição de seres carentes e dados ao erro (pecadores), tudo isto faz qualquer espírito mais sereno, suave e sensível às fragilidades humanas. Mas nisto, muitos homens estão precisando alcançar muitas mulheres, no que respeita à evolução de sua sensível compreensão, de vez que o crescimento espiritual destas não foi obstaculizado pelo sexismo social.

Quando chegamos a não mais viver em função das aparências, mas segundo as convicções do nosso espírito, continuamos considerando e levando em conta as opiniões dos nossos semelhantes, mas só na medida em que não revelem ter origem em deformações sociais.

Todo programa de renovação pessoal será – não nos iludamos! – uma peregrinação por entre as tentações. Mas é encarando-as e vencendo-as que nos conhecemos melhor, e ao Espírito Divino que nos habita. Como temos repetido, ninguém veio a este mundo para estagnar sob condicionamentos negativos e pressões; todos devemos recorrer ao amparo do Divino Mestre e dos seus mensageiros, no sentido de que estes aclarem os olhos de nossas almas dando-nos o necessário discernimento e fortalecendo em nós a disposição de melhorar-nos, dia após dia, em tudo que nos for possível.

Irmãos, este é um tempo de urgências. Não hesitemos para não sermos surpreendidos em negligências. Seja-nos permitido repetir: as verdadeiras alegrias estão após os obstáculos vencidos. Sob a proteção divina, não podemos mentir à nossa destinação, pois, fazendo-o, transformaremos nossa peregrinação em mero divagar por atalhos inúteis.

10

JESUS NÃO SE ISOLOU

*"... eu vim para que tenham vida, e a tenham com abundância". **(S. João 10:10)***

Há pessoas que, sobretudo nos dias de sua mocidade, adiam maiores empenhos para uma renovação íntima, porque imaginam: "Irei perder muitos amigos, precisarei isolar-me para meditar melhor a minha fé. Acabarei sendo alguém diferente e... não quero perder o prazer dos convívios". Um tal modo de ver mostra influências de velhas idéias monásticas de vida religiosa ou, – o que é muito pior – traz um pouco daquela arrogância dos *escolhidos*.

Há, de fato, quem altere suas amizades em nome de

uma seletividade às vezes pouco caridosa; há os que mudam seu habitual modo de trajar-se, fascinados por certa austeridade anti-vida; e inclusive há os que chegam a mudar a própria entonação da voz e a inflexão da fala para conferir-lhes calculada serenidade e ares beatíficos. Mas tudo isto resulta de equívocos e desequilíbrios de personalidade.

Jesus, a máxima elevação que a Terra conheceu, ia a casamentos com seus discípulos e com sua doce mãe, e de tais bodas participava com alegria, até oferecendo mais vinho aos convidados, como encontramos bem descrito no Evangelho segundo João (Capítulo 2). Tinha como uma de suas maiores alegrias ter amigos, ao ponto de dizer: "Ninguém tem maior amor do que este: de dar alguém a sua vida *pelos seus amigos*" (S. João 15:13).

Ternamente visitou o lar de Betânia, onde ia ter com seus diletos amigos Lázaro, Marta e Maria; e foi mesmo censurado pela liberalidade de assentar-se para cear com publicanos e pecadores. Resplandecia quando cercado pelos humildes, aos quais doava seus ensinamentos e a quem curara de obsessões e doenças físicas; mas ia também à casa do centurião curar-lhe a filha gravemente enferma. Tanto quanto encontramo-lo indo para o mar com Simão e outros pescadores, para estar com os amigos em meio ao intenso magnetismo das águas. Para ser quem foi e ter a grandeza que teve nesta Terra, Jesus nunca se isolou. Apenas jamais abandonou o costume de ir ao Horto das Oliveiras para, em plena comunhão com o Pai e com as altas esferas da espiritualidade, manter-se espiritual e energeticamente alimentado.

Um sábio contemporâneo, Martin Buber, de ascendência e religião judaicas conquanto nascido na Áustria, em sua maravilhosa e inspirada obra *Eu e Tu*, lembra-nos o seguinte: "Entrar na relação pura (com Deus) não significa prescindir de tudo, mas sim ver tudo no Tu (eterno). (...) Afastar o olhar do mundo não auxilia a ida para Deus; o olhar fixamente nele também não faz aproximar de Deus; porém, aquele que contempla *o mundo em Deus*, está na presença d'Ele" (1978, p. 91).

Se "afastar o olhar do mundo não auxilia a ida para Deus", fica-nos esclarecido, também pela mística hebraica, que ninguém necessita isolar-se para cultivar sua fé e se cultivar. Desde que nos lembremos de que ficarmos fixados e atados ao mundo material também não nos facilita o acesso à espiritualidade, dificultando-o pelo contrário. Então, o importante é existencializarmos nosso mundo e nosso cotidiano *em Deus*.

"Eu vim para que tenham vida, e a tenham com abundância", disse o Divino Mestre; antes tendo dito ser, ele próprio, "O caminho, a verdade e a vida". Da mesma forma que a inércia, o isolamento é anti vida e anti cristão, pois Jesus disse: "Que brilhe a vossa luz diante dos homens", e "não se acende uma candeia para escondê-la debaixo do alqueire, mas para pô-la no velador, de modo que ilumine toda a casa".

Nossa renovação pessoal deve expandir-se aos nossos relacionamentos, para que seja luz ante os que conosco convivem. Mas, atenção: a luz se expande com suavidade, respeitando anteparos e resistências. A luz não é importuna e forcejadora como os proselitismos e quase ininterruptas pregações de mentes fanatizadas. A luz, do mesmo modo que dá condição às caminhadas, oferece calor às vidas, mas nada impõe aos que preferem a sombra.

Exatamente a nossa reforma íntima deve tirar de nós aqueles preciosismos que entendem não devermos circular pelo mundo porque este está cheio de influências perigosas. Não devemos ir a alguma casa como se estivéssemos fazendo máximo favor de visitar gente tão pecadora: isto é arrogância.

Se realmente buscamos o auto-aperfeiçoamento, nossos mentores e espíritos guias empenham-se em que nos fortaleçamos, em que atinjamos bom padrão vibratório. Assim, vivendo nas pegadas amorosas do Divino Mestre e na comunhão com a espiritualidade, ninguém precisa ou deve isolar-se. Deve, sim, é repetir com o salmista: "O Senhor é o meu pastor, nada me faltará". Deus nos auxilie a compreender Suas lições!

11

SER HUMILDE NÃO É SER AMORFO

> "A humildade é uma virtude bem esquecida entre vós; os grandes exemplos que vos foram dados são bem pouco seguidos e, todavia, sem a humildade, podeis ser caridosos para com vosso próximo? (...) Sem a humildade vos adornais de virtudes que não tendes, como se trouxésseis um vestuário para esconder as deformidades de vosso corpo". **(KARDEC. O Evangelho segundo o Espiritismo, cap. VII, instrução de Lacordaire).**

"Aprendei de mim, que sou manso e humilde de coração", disse o Mestre Jesus, fazendo-nos perceber a humildade – em par com a mansuetude – como traço fundamental que o cristão deve ter e do qual o espírita não pode abrir mão se deseja de fato praticar a caridade para com seus semelhantes. Sendo virtude básica do homem espiritualizado, já se vê que, para muitos, é uma conquista nada fácil.

Em certo importante debate, a escritora católica Adélia Prado foi inquerida por uma universitária a respeito de se a sua fé não era filha dos seus medos, lá do fundo da personalidade. Então, tivemos oportunidade de ouvir uma das respostas mais sábias de quantas já ouvíramos; disse Adélia Prado: "Olhe, minha filha, psicologicamente toda fé nasce do medo e neste tem suas raízes. E só se transforma, a fé, em um ato de amor quando chegamos a perdoar Deus por não nos ter feito deuses também". Noutras palavras, só a humildade pode elevar a nossa fé à condição de um ato de amor puro. Assim, nas palavras da escritora vemos brilhante explicação para o hábito que têm muitos ateus e agnósticos de nos olharem, a nós homens e mulheres de fé, com estranho ar de superioridade – tal como se a nossa fé fosse manifestação da nossa fraqueza. O problema de muitos ateus e agnósticos (não de todos, é certo) é nunca terem perdoado Deus de não os ter feito deuses também.

Vencer-se é vencer mais 79

É o pecado da soberbia, a qual é sempre caminho para não poucos desvarios. O Apóstolo Pedro escreveu: "... e revesti-vos de humildade, porque Deus resiste aos soberbos, mas dá graça aos humildes. Humilhai-vos pois debaixo da potente mão de Deus, para que a seu tempo Ele vos exalte" (I Pedro 5:5-6). Aos humildes, Deus dá abundantemente da sua graça; e eis porque nenhuma reforma interior pode prescindir de conquistar e, sobretudo, manter a humildade.

Um importante filósofo de nosso tempo, de nome André Comte-Sponville, em magnífico ensaio sobre a virtude aqui focalizada, escreve: "A humildade é uma virtude humilde; ela até duvida que seja virtude! Quem se gabasse da sua mostraria simplesmente que ela lhe falta. Isso todavia não prova nada; não nos devemos gabar, nem nos orgulhar, de nenhuma virtude, e é isso que a humildade ensina". Adiante, o filósofo observa: "É a virtude do homem que sabe não ser Deus" (*Pequeno tratado das grandes virtudes*, p. 153). Ora, o pensador em apreço toca em ponto importantíssimo, pois, há aqueles que nunca aceitam bons lugares para assentar-se, ocupam sempre os últimos bancos das reuniões religiosas, porque alimentam equivocada vaidade por seus gestos humildes. E Deus nos livre de ter orgulho da nossa humildade!

Certa vez, Jesus chamou um menino pequeno e, acariciando-o, disse aos que o ouviam: "Em verdade vos digo que, se não vos converterdes e não vos fizerdes como meninos, de modo algum entrareis no reino dos céus. Portanto aquele que se tornar humilde como este menino, esse é o maior no reino dos céus" (S. Mateus 18:3-4). Deste modo, a humildade é valorizada a cada passo nos Evangelhos e nas epístolas.

Mas, sejamos atentos: ser humilde não é ser amorfo e sem pontos de vista próprios. Eis uma confusão constante que se faz nos meios religiosos: humilde é aquele que se resigna de ser um zero à esquerda da vírgula – coisa artificial de seres humanos que parecem ter perdido sua capacidade de reação aos estímulos da vida cotidiana. Lembremo-nos de que o mesmo Cristo que sempre ensinou a humildade, virava-se para os fariseus e chamava-os "raça de hipócritas"; foi o mesmo doce Jesus que expulsou do templo os que faziam, de um lugar sagrado, puro mercado; e os expulsou de chibata em punho; o mesmo manso Jesus que, ao defrontar-se com uma legião de espíritos perversos que mantinham louco um gadareno, não falou com brandura ou pediu qualquer coisa. Ao contrário, olhou fixamente o pobre homem enlouquecido e acorrentado, e ordenou: "Sai deste homem!", dirigindo-se à legião.

As pessoas podem e devem continuar concordando e discordando, podem e devem discutir seus pontos de vista e convicções – desde que saibam fazer essas coisas sem arrogância: com HUMILDADE. Esta é uma virtude que não está muito nas exterioridades, mas brota do mais profundo do coração e da mente. Conheci certa vez um pregador que orava de cabeça erguida, muito ereto o corpo, como era do seu feitio, e era uma alma exemplarmente humilde; como conheci vozes melífluas que, vez ou outra, revelavam as agressividades desnecessárias dos espíritos altivos, pouco humildes.

Como diz Comte-Sponville, "A humildade é uma virtude humilde"; mas o pensador lembra adiante, em consonância com o ensinamento evangélico, que nem por ser uma virtude humilde é, a humildade, uma virtude amorfa. Como no mundo antigo ensinou Aristóteles, a humildade é uma culminância entre dois abismos: entre o amor ao próximo e a necessidade de, às vezes, lealmente corrigi-lo. Porque se amamos ao próximo ao ponto de negar-nos ou esquecermos de nós mesmos, isto não será sabedoria, mas algo desequilibrado e abismal. Neste caso, pecamos por excesso. Mas se amamos apenas a nós mesmos, seremos sorvidos pelo narcisismo e pelo egoísmo, aí pecando por falta de amor aos irmãos.

Não estamos autorizados a ser agressivos ao *expor* nossos pontos de vista; do mesmo modo que não estamos autorizados a *não ter* pontos de vista próprios ou a abdicarmos deles em nome de uma equivocada idéia de humildade.

Sejamos como o menino de que falava o Mestre Jesus, porque as crianças são meigas – ao menos a maior parte delas o é – mas sempre dizem o que sentem. Aprendamos do Mestre, que era manso e humilde de coração, mas que teve atitudes e opiniões tão incisivas que até hoje, quase dois mil anos depois de sua peregrinação pela Terra, impressionam-nos, marcam-nos e nos ensinam.

Um esforço de renovação íntima que nasce de real desejo de auto-aperfeiçoamento, precisa destacar a humildade como principal meta a ser alcançada. Lacordaire, em sua instrução em *O Evangelho segundo o Espiritismo*, garante que sem profundo sentimento de humildade, que nos nivela a todos como filhos de Deus, não teremos como ser caridosos para com o próximo. É pura e preciosa verdade, pois, uma coisa é dar comida aos que têm fome sentindo-nos vaidosos da nossa capacidade de doação, outra coisa é dar comida a quem tem fome sentindo vergonha e tristeza de em nosso mundo ainda haver fome e carência, sinais de muito precária evolução social.

Como ouvimos da forte voz de Madre Tereza de Calcutá, em São Paulo: "Doar não pode ser um prazer que alivie passageiramente a consciência; doar tem que doer, porque é triste vermos mãos estendidas ainda obrigadas a viver de óbulos".

E Jesus estará conosco ao esforçarmo-nos pela nossa reforma interior, pois ele prometeu: "Eu estarei convosco até a consumação dos séculos". Pelo difícil caminho da renovação pessoal, não iremos sozinhos, portanto.

12

VIVAMOS A ETERNIDADE AGORA

*"E os seus discípulos o interrogaram, dizendo: Por que dizem então os escribas que é mister que Elias venha primeiro? (...) Mas digo-vos (disse Jesus) que Elias já veio, e não o conheceram, mas fizeram-lhe tudo o que quiseram. Assim farão eles padecer também o filho do homem.
E então entenderam os discípulos que lhes falara de João Batista". (**S. Mateus 17: 10-13**).*

Dizem as Escrituras que "o Espírito (de Deus) sopra onde quer", numa clara alusão a que Deus distribui generosamente da sua infinita sabedoria por todos os povos de todas as partes do mundo. Inspira religiões hinduístas, judaicas, cristãs, muçulmanas e outras, soprando em qualquer tempo e lugar.

Assim é que encontramos o tema da reencarnação já estudado pelos antigos egípcios, pelos chineses, pelos tibetanos e pelos hindus, antes mesmo que tal doutrina fosse encontrada na Bíblia Sagrada e, como vimos acima em epígrafe, mais claramente tratada pelo próprio Jesus, ao fazer entenderem seus discípulos que João Batista fora reencarnação de Elias.

Não se imagine, portanto, que o Cristianismo dos primeiros tempos descreu da reencarnação. Como se vê no texto acima de S. Mateus, os discípulos compreendiam sem problemas a pluralidade de existências, pois o próprio Cristo falava-lhes desta. É também dado histórico (às vezes escamoteado, é verdade!) que os primeiros edificadores da Igreja Católica, na fase inicial da *Patrística*, admitiam a pluralidade das existências para trajetória de um mesmo Espírito, como foram patentemente os casos de Clemente de Roma (que conheceu os apóstolos e os ouviu pregar, no primeiro século de nossa era), de Clemente de Alexandria, de São Jerônimo, de Orígenes e de outros doutores da Igreja.

Assim que, repetimos, a crença na reencarnação esteve presente e forte no cristianismo nascente.

Foi no ano 325 de nossa era que o imperador Constantino e sua influente mãe Helena, suprimiram arbitrariamente as passagens do Novo Testamento que focalizavam e destacavam o tema da pluralidade de existências; o que foi validado oficialmente pelo II Concílio de Constantinopla, reunido em 553 d.C., e que declarou herética a crença na reencarnação, talvez porque, dando muito tempo para que os homens buscassem redimir-se, isto pudesse enfraquecer o poder manipulatório e teocrático da Igreja. Logo, coisa muito mais de conveniência política do que de fé.

Passou a ficar, então, nas religiões tradicionais, uma pergunta que tem gerado não poucos mal-estares: "Após a morte, onde ficará e o que fará cada Espírito enquanto se aguarda, através dos séculos e milênios, o Juízo Final?" Ora, uma questão desagradável e sem resposta como esta, tem impedido imensas multidões de viverem a eternidade agora mesmo. Além do que, tem obstaculizado muito o entendimento da Justiça Divina. Afinal, a pensar-se em existência única, por que um casal merece ter filhos saudáveis e bonitos, enquanto outro casal recebe filhos defeituosos, com síndromes e enfermidades horríveis, às vezes aparentando deformidades monstruosas? Por que há matrimônios cuja história é de puro desentendimento ou de total sofrimento, enquanto há outros marcados por amor, compreensão e paz? Por que há grupos familiares que desde cedo revelam ser um complicado ajuntamento de inimigos a agredirem-se mutuamente, quando há famílias pacíficas, amorosas, nas quais os seus membros podem crescer espiritualmente todo o tempo? Com certeza o âmbito de uma única existência seja demasiado estreito para explicar-nos tais disparidades, e sejamos tentados – rejeitando a escalada de aprendizagem das reencarnações – a imaginar um Deus arbitrário e cheio de predileções, logo, um Deus injusto.

Vemos que é a Terceira Revelação, a do Espiritismo veiculado por Allan Kardec, dedicado servo de Deus, que retoma vigorosamente o tema da pluralidade de existências – agora com a palavra autorizada daqueles que, encontrando-se no Plano Maior da Espiritualidade, comunicaram-se com o Codificador da Doutrina Espírita. Ora, com a retomada da doutrina reencarnacionista, podemos ultrapassar as questões desconfortáveis quanto ao destino, pós-morte física, dos Espíritos; bem como a compreensão da Justiça Divina se torna possível e facilitada.

Mas, dentre tudo, o mais importante é que a reencarnação nos permite viver *agora* a dimensão da eternidade. Sabemo-nos Espíritos devedores, já que encarnados em planeta relativamente precário como a Terra, mas também sabemos ter pela frente uma infinita estrada evolutiva que pede nossos esforços, dissuadindo-nos de ficarmos parados, em estagnação, simplesmente assentados à beira do caminho.

No seu capítulo IV, *O Livro dos Espíritos* aborda o tema "Da reencarnação". A questão 166 assim é formulada: "A alma que não alcançou a perfeição na vida corpórea, como acaba de depurar-se?" Respondem os Espíritos Superiores: "Suportando a prova de uma nova existência". E o questionamento se desdobra assim:

ALLAN KARDEC: "Como a alma realiza essa nova existência? É por sua transformação como Espírito?"

Resposta: "Depurando-se, a alma sofre, sem dúvida, uma transformação; mas para isso lhe é necessária a prova da vida material".

KARDEC: "A alma passa, pois, por várias existências corporais?"

Resposta: "Sim, todos nós passamos por várias existências físicas. Os que dizem o contrário, pretendem manter-vos na ignorância em que eles próprios se encontram; esse o seu desejo".

KARDEC: "Parece resultar desse princípio que a alma, depois de deixar um corpo toma outro ou, então ela se reencarna em novo corpo; é assim que se deve entender?"

Resposta: "É evidente".

Então, sabendo de tais coisas que são consoantes com os Evangelhos conquanto alguns setores religiosos o neguem, podemos viver, agora mesmo nossa dimensão de eternidade. Ora, quanto tempo levará para que alcancemos as esferas de bem-aventurança e felicidade espirituais? Isto dependerá muito de nossos esforços e lutas íntimas, de nossa verdadeira disposição de auto-aperfeiçoamento; o que não quer dizer que tudo conquistaremos sozinhos e apenas com as nossas forças. O Mestre Jesus, através dos seus mensageiros e com sua infinita misericórdia, ajudar-nos-á e nos fortificará na caminhada evolutiva.

Não banalizemos esta oportunidade reencarnatória,

não a percamos principalmente entregues à egolatria dos prazeres vãos e banais. Há formas concretas e profundamente espirituais de prazer, se não banalizarmos o sexo, se não empobrecermos as alegrias da alimentação, se não fizermos do santo ambiente dos nossos lares lugar de licenciosidade, frivolidades e desrespeitos. Ninguém necessitará ser triste ou sisudo para trabalhar em sua renovação íntima, pois os prazeres que não violam as Lei de Deus são espiritualizados e a alegria verdadeira corre limpa como fonte cristalina.

O Espiritismo-cristão vem devolver alegria às nossas vidas; vem pedir-nos que olhemos para o firmamento e ali vejamos de fato a glória do seu Criador; vem mostrar-nos que os nossos semelhantes dão-nos alegres oportunidades de doação – não apenas como óbulos, mas como verdadeira comunhão cristã.

Assim, vivamos a eternidade agora. E peçamos ao nosso Mestre Jesus que nos ampare em caminhos de mais evolução, seja acordados e em ação cotidiana, seja possibilitando que aprendamos e trabalhemos nas horas de sono, quando os desdobramentos espirituais podem ajudar-nos a ganhar resultados evolutivos. Que os nossos Espíritosguias, em nome do Divino Mestre, plantem em nossas almas e ajudem a desenvolver-se a robusta árvore da fé. Sobretudo que, vivendo a eternidade agora, a árvore da nossa fé dê – com sua fronde – sombra, descanso e conforto aos sofredores que estejam à nossa volta. Assim seja!

13

RESPONSABILIDADE PELA FAMÍLIA

"Oh! quão doce e quão suave é que os irmãos vivam em união!" ***(Salmo 133:1)***

"Não repreendas asperamente os anciãos, mas admoesta-os como a pais; aos jovens como a irmãos; às mulheres idosas, como a mães; às moças como a irmãs, em toda a pureza".
(I Timóteo 5:1-2).

Sabemos, com grande tristeza, que para muitos o lar é, hoje, dos lugares mais perigosos. A violência dentro dele, sobretudo sobre crianças e mulheres, é uma das realidades mais tristes do nosso mundo. Há uma quantidade de meninos e meninas, pubertários e adolescentes que têm preferido o sofrimento das ruas – sem aconchego, sem leito e sem comida certa – ao inferno de seus lares. Tal quadro nos faz ver que ainda habitamos, em larga medida, um planeta de expiações e provas, e que aqui estejamos não mais que no princípio de um longo processo evolutivo com o qual precisamos colaborar. Quanto a esses lares cheios de desespero, resta-nos orar sempre por eles e, no plano da ação social, dar apoio indiscutível às instituições que assistem às vítimas da violência no lar.

Mas a nós, que mediante a graça dos Evangelhos e da Doutrina Espírita, foi dado maior entendimento dos deveres de família, seja lembrado com ênfase: somos *responsáveis* por nossa família. E tal lembrança não vale apenas para os pais e mães, pois que os filhos e outros membros da família são todos responsáveis pela qualidade do padrão vibratório do ambiente lareiro. E, se não assumirmos, cada qual de nós, tal responsabilidade, em vão pretenderemos uma real reforma de nossa vida interior.

Para muitos pode parecer exagero, mas o simples modo de lidar com as coisas dentro de casa, às vezes batendo portas agressivamente ou arremetendo objetos contra este ou aquele em momento de irritação, pode comprometer a qualidade vibratória do nosso ambiente. A fala rude, as palavras desrespeitosas e a vulgaridade no humor, todas essas são coisas que quebram a harmonia vibracional nos lares.

Nenhuma família precisa ser conventual ou triste para alcançar a harmonia espiritual. As maiores alegrias não surgem da vulgaridade, nem nunca a rudeza garantiu que um ambiente seja mais agradável. O problema é que, em nosso tempo, inventamos certas palavras que são autênticas armadilhas, como é o caso da palavra *descontraído*. É uma boa palavra quando bem usada, mas temos a tendência de chamar *descontraídos* os ambientes cheios da falsa alegria das vulgaridades e malícias. Uma família pode e deve ser alegre – o que não significa ser barulhenta e permissiva.

O lugar de habitação de uma família é sagrado. E a harmonia familiar é uma estrutura de cristal; é preciso cuidado constante para não pô-la abaixo. Bem sabemos, por nossa convicção reencarnacionista, que nenhum grupo familiar se encontra sob um mesmo teto por acidente casual; nosso Deus, em sua misericórdia, põe como pais, filhos, avós e outros, exatamente espíritos que precisam *se acertar*, uns aprendendo com os outros, ou a comandar com doçura e respeito, ou a obedecer com amor. Toda família é composta de um conjunto de espíritos em evolução, que nela precisam ter as oportunidades para determinadas aprendizagens. Eis porque devemos agradecer a Deus os chamados "parentes difíceis"; eles estão entre nós para ensinar-nos tolerância, serenidade e amor em difíceis circunstâncias. Afinal, o Cristo já ensinara – em outras palavras – que amar as pessoas amáveis é fácil, não havendo nisto tanto mérito; mas oferecer perdão e amor às pessoas difíceis é das maiores provas de que realmente estamos crescendo espiritualmente.

Em um dos textos bíblicos em epígrafe, o Apóstolo Paulo aconselha-nos sabiamente, dizendo: "Não repreendas asperamente os anciãos, mas admoesta-os como a pais". Ora, bem sabemos da hipersensibilidade dos idosos e de como se sentem humilhados ao ouvirem, de pessoas muito mais jovens, uma repreensão rude e áspera; em nossa sociedade, a voz do elemento produtivo cai machucando sobre aqueles que, ao menos economicamente, não são mais produtivos. Li, certa vez, um poema de uma poetisa idosa dirigido aos seus filhos, no qual ela fazia impressionantes agradecimentos; agradecia aos filhos por terem tido amor suficiente para nunca dizer-lhe: "A senhora já contou isto, mamãe". Amor suficiente para, perdoando o tremor de suas mãos, jamais terem reclamado: "Ora, mamãe, você derramou café e sujou a toalha da mesa!" Ó, Deus, de que pequeninas grandes coisas o coração do idoso se alimenta!

Se pensarmos, nós adultos, no que dizemos às crianças, veremos que esta é uma relação ainda mais delicada, por ser formativa. A qualidade do futuro adulto estará diretamente ligada a como este, em criança, foi tratado. E por que não ouvirmos, neste passo, a voz poética do compositor de música popular (Billy Blanco), em canção sua que diz:

"Se a gente grande soubesse
o que consegue a voz mansa,
como ela cai feito prece
e vira flor num coração de criança..."

O Apóstolo Paulo exorta a admoestarmos aos moços e moças como a irmãos, e às mulheres idosas como a mães. Isto é harmonia familiar, porque a harmonia nasce do amor e da tolerância, nasce da percepção de que, pelos caminhos desta vida, somos apenas companheiros de viagem, podendo aprender muito uns com os outros.

A intensa valorização do espaço familiar é elemento indispensável de um processo de reforma íntima. Sentir-se, com relação à família, responsabilidade financeira é bom, mas é elementar demais; é preciso erguermos a estrutura de cristal da harmonia caseira, e mais preciso ainda é sabermos cuidar para que coisa tão delicada não se quebre e desmorone. Se é verdade que "fora da caridade não há salvação", temos que ver claro que o espírito de caridade precisa começar em casa, nas alegrias e vicissitudes do cotidiano.

"Oh! quão doce e quão suave é que os irmãos vivam em união!" exclama o salmista, como registramos no início desta reflexão. Pode bem ser que ali o salmista David se refira à vida das comunidades não familiares; mas é perfeitamente lícito que transponhamos o desejo expresso por David para o âmbito da fraternidade familiar.

Uma família que se harmoniza em torno do Divino Mestre e sob os eflúvios da espiritualidade maior, faz-se um foco de irradiação de paz e bênçãos, e sua caridade necessariamente transborda para fora do lar, onde tantos e tantos estão sequiosos também por serenidade e harmonia.

Renovemo-nos em Jesus e no convívio mais intenso com forças luminosas do plano espiritual, para que possamos ver a verdadeira dimensão da vida familiar. Renovando-nos, entremos na mais pura alegria de ajudar-nos mutuamente no lar, com amor e carinho, mas sem excessivo apego. Afinal, um dia nos separaremos para, com a graça de Deus, reencontrarmo-nos já no Grande Plano; assim, se ocorrer o desejado reencontro tal como o imaginamos, que nos possamos olhar nos olhos sem culpas, na ventura de termos cumprido, no lugar sagrado do lar, as missões que nos foram confiadas.

Responsabilidade é palavra que significa "o que responde por algo ou alguém". Momento chegará em que deveremos testemunhar, ante o Divino Mestre, quanto ao modo bom e grandioso ou quanto à maneira tristemente baixa com que tenhamos tratado nossos familiares. Todos – pais, mães, filhos e outros – seremos chamados a tal testemunho. Que Deus nos auxilie e o Divino Mestre nos ilumine no cumprimento das missões junto aos nossos familiares.

E nunca deixemos de orar pelos lares desarmonizados, cheios de sofrimento e crucificados em seus próprios equívocos.

14

CONFIAR RADICALMENTE EM DEUS

"Se vós, pois, sendo maus, sabeis dar boas coisas aos vossos filhos, quanto mais vosso Pai, que está nos céus, dará bens aos que lhos pedirem?" (**S. Mateus 7:11**).

Infelizmente, há os que confiam em Deus ao seu modo, isto é, como que querendo impor-lhe a sua vontade. Estes dirigem-se ao Altíssimo expondo-lhe o que desejam ou como querem que as coisas aconteçam, fiados nas palavras evangélicas: "Pedi e dar-se-vos-á. Buscai e achareis". Tais irmãos não se apercebem não estar prometido: "Pedi e vos será dado exatamente o que pedis", nem tampouco "Buscai e achareis exatamente o que buscais e como o imaginais".

Devemos, nas vibrações da prece revelar ao Senhor nossos anseios tais como são. Mas precisamos alcançar a sabedoria de, ao obtermos de Deus algo diferente do que pedimos, entender que Deus nos está oferecendo o que, naquele momento, é melhor para o nosso amadurecimento espiritual – ainda que resistamos à idéia de que o dado a nós seja de fato bom para os nossos interesses imediatos.

A resposta divina é, às vezes, de difícil entendimento para nós e, os mais frágeis, tendem a se decepcionar ou a se aborrecer com Deus. Pensemos, porém, em Abraão e Sara, que, segundo o relato bíblico, sempre quiseram de coração ter um filho, sendo que Isaac só lhes nasceu quando ambos estavam já avançados em idade; procuremos imaginar com que amor e carinho Abraão e Sara cuidaram do filho Isaac, especialmente em seus primeiros anos. No entanto, através de um anjo que vem a Abraão, é-lhe ordenado por Deus levar o amado filhinho a um monte, para ali sacrificá-lo em nome da fé.

Dificilmente pode-se conceber algo mais sem sentido, em sua aparência, nem algo mais perverso de pedir-se a pais, sobretudo pais idosos. Sobre isto o pensador dinamarquês Kierkegaard escreveu: "Assim, tudo se perdia, e mais penosamente do que se nunca houvesse podido acontecer! O Senhor se dedicava a brincar com Abraão! Ele havia feito, milagrosamente, que o absurdo se fizesse realidade, e agora, em troca, dispunha-se a aniquilar essa realidade... Quem é, pois, este que tira das mãos de um velho o seu cajado? Quem é o que quer deixar sem consolo a um homem em sua velhice e exige, ainda a mais, que seja este próprio homem que o faça? Não haverá compaixão para o pobre velho, nem para o menino inccente? E, com isto tudo, Abraão era o eleito de Deus, não obstante o que, o Senhor lhe impunha aquela prova. Agora tudo se perderia" (*Temor e tremor*, p. 24).

Kierkegaard descreve-nos a viagem de Abraão junto com o filhinho até ao monte, tendo deixado em casa uma Sara despedaçada mas estranhamente silenciosa. Uma viagem de intensa luta íntima entre a fé incondicional e a obediência absoluta que o patriarca devotava ao Senhor, e o sofrimento medonho de seu coração de pai. Mas, prevalecia em Abraão o pensamento que talvez pudéssemos traduzir assim: "Se o Deus que tem dirigido toda a minha vida, e cuja bondade e justiça excedem ao entendimento humano, for na realidade impiedoso e mau, nada mais valerá a pena! De coração sangrando, vou até ao fim com minha lealdade".

Mas Deus lhe revela, na hora mais dramática, que um supremo teste de lealdade lhe havia sido feito, e sua fé resplandecera; que dali em diante, na doce companhia de seu filhinho e de Sara, nenhum outro exemplo de fé superaria o seu e toda a sua descendência seria coberta pelas bênçãos do Senhor. Logo, aprendamos a lição: a maior e mais verdadeira fé é aquela que permanece inalterada, mesmo quando nossa vontade foi contrariada; agora não podemos, talvez, compreender os desígnios de Deus, mas dia chegará em que nos será dado entender de que modo a nossa vontade contrariada fez-nos crescer espiritualmente, amadurecendo nosso espírito de modo efetivo.

Também Jó foi um homem de carne, ossos e espírito, provocado por Deus ao despojá-lo de bens materiais, saúde inclusive da família – enquanto Jó, ser humano que era, lamentava-se de sua miserável condição. Até o momento em que sua fé, superando a todos os sofrimentos disse: "O Senhor deu e o Senhor tirou. Louvado seja o nome do Senhor". Neste homem também resplandeceu o que havia de mais divinal em sua confiança no Senhor.

Nosso meio foi marcado pelas trajetórias de um Jerônimo Mendonça e de um Jésus Gonçalves. O primeiro, inválido em camas e macas, "andou" por nossa pátria cantando louvores a Deus e ensinando, mediante a Doutrina Espírita, o Evangelho de Jesus. Como viveu, morreu para este mundo: na companhia do Divino Mestre. Jésus Gonçalves, em meio aos sofrimentos da hanseníase, foi o poeta do Divino Plano, fazendo-se em exemplo de aceitação das dores e semeando flores espirituais entre nós. Ambos hoje estão encantados em uma doce lembrança, poeticamente evangélica. Isto para que víssemos que não é só no Antigo Testamento que há Abraões e Jós.

Fé não existe "a meias". A fé tem que ser um sentimento tão radical e pleno que os seus frutos indispensáveis (as obras) resplandeçam tanto quanto ela.

O Divino Mestre, na noite que antecedeu à sua crucificação, disse aos seus discípulos. "Todos vós esta noite vos escandalizareis em mim; porque está escrito: Ferirei o pastor e as ovelhas do rebanho se dispersarão". Mas Pedro, entre indignado com o que o Mestre dissera e desejoso de declarar-lhe sua fidelidade respondeu: "Ainda que todos se escandalizem em ti, eu nunca me escandalizarei". Então, disse-lhe Jesus: "Em verdade te digo que, nesta mesma noite, antes que o galo cante, três vezes me negarás" (S. Mateus 26:31-34). E sabemos que, de fato, sob o peso do medo, Pedro negou a Cristo.

Nós negamos a Jesus toda vez que, imaginando-nos perfeitos cristãos – espíritas, não aceitamos serenamente que os pedidos de nossas preces não sejam atendidos. Tendemos a querer impor nossa vontade, e dificilmente logramos dizer, de coração: "Mestre, minha vontade é esta. Mas o que espero é que se cumpra a Vossa". Porque o nosso anseio pode estar equivocado, mas as decisões do Alto nunca o estão; afinal, esquecidos de vidas anteriores e até de acontecimentos desta encarnação, não podemos saber com clareza qual o nosso merecimento ou quais as nossas necessidades cármicas de expiação. Não podemos relacionar-nos com Jesus como uma criança que não aceita a negativa, esperneando, batendo os pés e fazendo birra.

No texto com que encimamos estas reflexões, está feita uma pergunta que é forte afirmação: "Se vós, pois, sendo maus, sabeis dar boas coisas aos vossos filhos, quanto mais vosso Pai, que está nos céus, dará bens aos que lhos

Vencer-se é vencer mais

pedirem?"

Todos conhecemos pessoas que declaram, seguidamente, ter fé em Deus e que tudo deixam nas mãos do Divino Mestre. Mas se um filho ou filha sai a passeio ou se um parente toma um avião para longa viagem, estas mesmas pessoas entram em pânico, fazendo-se nervosas e se irritando por não poderem, elas, garantir a segurança dos seus parentes. Afinal, esse tipo de fé pela metade, que está na fala mas não está no coração, terá valor? Confiança em Deus, ou se tem por inteiro ou não se tem; e como desconhecemos os desígnios do Alto, o que precisamos é fortalecer-nos e preparar-nos para possíveis tragédias repentinas.

Na carta aos Romanos, o Apóstolo Paulo escreveu, em momento da mais alta inspiração divina: "Porque, se vivemos, para o Senhor vivemos; se morremos, para o Senhor morremos. De sorte que, ou vivamos ou morramos, somos do Senhor" (Romanos 14:8). Assim, que possamos viver serena e confiadamente nas mãos de Deus.

As pessoas mais ansiosas e às vezes vacilantes em termos de fé, peçam ao Divino Mestre, todos os dias, que sua confiança se fortaleça, que a chama da fé viva arda mais firmemente em seu coração. Como Abraão devemos ver nítido que nada do que tiver que acontecer-nos estará fora dos planos do Senhor para nós.

Ora, a reforma interior passa exatamente pelo fortalecimento de nossa fé. O que sustentará nosso processo constante de auto-aperfeiçoamento, não nos iludamos, é o enriquecimento de nossa fé. E a nossa fé necessariamente florescerá em obras de amor aos nossos semelhantes, com uma caridade que, devendo nascer em casa, há de expandir-se pelo mundo que nos rodeia. Jesus nos oriente!

15

VIVER EM COMUNIDADE COMPREENDENDO-A

> *"Se for possível, quanto estiver em vós, tende paz com todos os homens"* ***(Romanos 13:18).***

> *"Alegrai-vos na esperança, sede pacientes na tribulação, perseverai na oração"*
> ***(Romanos 12:12).***

Certa vez surpreendi-me dizendo a um amigo, em momento de irritação e cansaço: "Ah! como é mais fácil ser espírita-cristão fora de uma casa espírita!" Por algum tempo havia experimentado a comodidade de ler e estudar muito em casa, nos meus aposentos fazendo minhas preces;

mas, uma vez integrado aos trabalhos de comunidade, encontrava vaidades irritantes, incompreensões e até – é de pasmar! – disputas por cargos e *status*. Pensava em meu íntimo, imaginando-me ingenuamente sem defeitos: "Estas coisas não têm cabimento em uma comunidade cristã, ora veja!"

O Apóstolo Paulo, principalmente na sua epístola aos Romanos, revela grande preocupação por aspectos da vida em comunidade, mostrando-se muito cônscio daquilo que futuramente seria enunciado por Santo Agostinho: "A igreja não é a comunhão dos santos; mas sim a comunhão dos pecadores". Então Paulo diz: "*Se* for possível, *quanto estiver em vós*, tende paz com todos os homens"; ora, a formulação da frase paulina já considera que *às vezes não é possível* ao homem, em sua fraqueza, mostrar alguma grandeza.

O filósofo Santo Tomás de Aquino (século XIII d. C.), lembrava com grande sabedoria que há o *bem próprio* (pessoal) e o *bem comum* (comunitário e social); que o *bem próprio* tem sua importância específica, devendo cada pessoa amar-se e, na vida, lutar em seu próprio benefício; mas nunca negligenciando-se que o *bem próprio* deve se integrar ao *bem comum*, com este harmonizando-se. De modo que a luta pelo benefício pessoal deve-se deter onde começam os direitos da comunidade. Grande é o valor do bem próprio; mas maior do que este é o valor do bem comum.

Se a grande sociedade funciona em base a racionalismos burocráticos, que fazem de cada ser humano um número ou uma ficha, as comunidades se organizam sobre o alicerce da *afetividade*; esta palavra tomada em seu sentido original: quando a vida dos outros me *afeta*, e a minha vida *afeta* aos demais; quando as minhas alegrias e vicissitudes importam aos outros, e eu me importo com as venturas e desventuras dos meus semelhantes.

Viver em grupos comunitários terá que ser sempre um exercício de compreensão e humildade. Afinal, todo agrupamento humano é uma reunião de qualidades e defeitos de todos; é uma concentração na qual, algumas vezes, as fraquezas humanas criam situações problemáticas. O mais fácil aí é deixar-se incendiar por irritações e pela negatividade dos ressentimentos; o mais difícil porém, o mais cristão e gratificador, é o membro da comunidade buscar controlar e submeter seus sentimentos negativos, lidando caridosamente com as fraquezas alheias por estar certo de que suas próprias fraquezas existem, e algum dia precisarão da compreensiva caridade dos irmãos.

Cultivar uma fé isolando-se é cômodo, mas não é o que pediu o Mestre Jesus, tampouco é o que aconselharam seus apóstolos. É quando os esforços se unem que se pode assistir às belezas descritas por Emmanuel em *Paulo e Estêvão*, nos fraternos albergues dos "seguidores do caminho"; é quando irmãos se unem a líderes espirituais que podemos conhecer algo como a "Mansão do Caminho", em Salvador (Bahia) – esta sob a direção de Divaldo Franco e de seus mentores espirituais. Pela união, multiplicam-se obras maravilhosas, em variadas tendências religiosas, em nosso país e em todo o mundo.

Assim que, a disposição para a vida de trabalho em comunidade está entre os aspectos centrais de nossa renovação íntima. Em comunidade, precisaremos ser perdoados muitas vezes, bem como teremos que saber perdoar outras tantas. Às vezes, um confrade se mostra de modos um tanto rudes, com uma personalidade meio arestosa; mas, ao vermos nele a franca disposição para o trabalho de caridade e nele sentirmos palpavelmente a compaixão pelos sofredores, compreendamos que uma história de vida – talvez não tão amena quanto foi a nossa própria – fê-lo assim, rude e arestoso. E é assim que devemos amá-lo, tal como a vida o fez, não sem contribuirmos, em momentos oportunos, para melhorá-lo. Todos nós vivemos horas difíceis em nosso desenvolvimento humano e, em conseqüência, todos temos aspectos problemáticos na personalidade. Apenas alguns disfarçam mais habilidosamente as suas debilidades.

Num tal exercício constante de compreensão e humildade é que avaliamos nosso progresso espiritual. E nossa parte pessoal tem que sempre ser feita, sob a proteção do Divino Mestre e dos seus caridosos mensageiros. Na segunda epístola de Pedro, este Apóstolo escreve, para nossa constante meditação: "E vós também, pondo nisto mesmo toda a diligência, acrescentai à vossa fé a virtude, e à virtude a ciência. E à ciência a temperança, e à temperança paciência, e à paciência piedade; e à piedade amor fraternal; e ao amor fraternal, caridade" (II Pedro 1:5-7).

Em poucas palavras, Pedro nos coloca diante de uma grande missão comunitária; missão que exige a fé como primeiro fundamento, mas pede ascese (busca de desenvolvimento de virtude) e estudo (ciência). Missão, todavia, que não poderá ser cumprida intempestivamente ou aos trancos, de vez que exige temperança e paciência para com os irmãos, pedindo piedade (em termos de consagração à causa do amor); piedade da qual deriva o amor fraternal, sendo todas essas coisas a própria substância da virtude magna: a caridade.

Nossos projetos de reforma interior devem ser constantes, de vez que tais sentimentos citados pelo Apóstolo Pedro são alcançados duramente, em processo de auto-educação estimulada pela espiritualidade, ao longo de uma vida inteira. Urge, no entanto, que comecemos ou continuemos essa jornada, se desejamos participar do divino processo que haverá de levar nosso planeta, de um mundo difícil de expiação e provas à condição de um mundo de regeneração; mundo no qual os nossos filhos e os filhos de nossos filhos poderão viver de modo mais amigo, sempre imersos na maravilhosa dimensão da transcendência.

A vida comunitária, apesar de hoje ser difícil e problemática, é burilamento dos espíritos na luz imensamente amorosa do Mestre Jesus.

16

O PRÓXIMO E O COMPROMISSO POLÍTICO

"Sentimos dentro de nós uma preocupação constante não só pela nossa casa, como também pela nossa cidade. Embora estejamos voltados para ocupações diferentes, todos nós temos uma opinião própria acerca dos problemas da cidade. Todo aquele que não participa dos problemas da cidade é considerado, entre nós, um mau cidadão, não apenas um cidadão silencioso" **(Péricles, 430 a.C., no período áureo da Grécia).**

Normalmente, os espíritas-cristãos desconfiam dos que se envolvem com política, às vezes esquecidos de que um dos primeiros espíritas brasileiros, o grande Dr. Bezerra de

Menezes – até hoje protetor incansável dos sofredores deste país – representou o bairro de São Cristóvão junto à Câmara Municipal do Rio de Janeiro, tendo sido, posteriormente, eleito deputado. Vez ou outra mostramo-nos deslembrados dos excelentes exemplos deixados nas lides políticas por Freitas Nobre e por outros mais.

De todo modo, neste texto não pretendemos focalizar a política enquanto atividade partidária e eleitoral. Nas origens gregas, a *política* é o zelo dos cidadãos pela qualidade de vida na *polis* (cidade); não nos esqueçamos de que, na antiga Grécia, as cidades eram Estados dotados de governos próprios (as Cidades-Estados).

Ora, pensando em nossas cidades de hoje, para que estas possam ser os espaços amigos que desejamos para nossos filhos e netos e para nós próprios, cada cidadão precisa comprometer-se com zelar pelo meio social. Ora, se amamos a Deus sobre tudo o mais, e ao nosso próximo como a nós mesmos – na linha de ensinamento do mandamento áureo de Jesus, será negligente o ficarmos inteiramente à margem dos processos político-sociais, às vezes em nome de um purismo espiritual mais para ególatra do que para evangélico.

Ora, o meio espírita tem sido freqüentemente criticado, juntamente com o meio protestante e com setores do catolicismo, por se mostrar um tanto alienado das questões municipais, estaduais e federais que tratam de aspectos diretamente ligados ao bem estar dos cidadãos. O que se pede não é que esses setores necessariamente se envolvam na política de partidos, mas sim que – sem deixarem suas preciosas práticas particulares de caridade – abram sua visão, expandindo suas atitudes, oriundas de excelentes valores humanos, para benefício da macrossociedade.

Não podemos negar que nossas práticas espíritas, conquanto dispostas a atender grande número de necessitados, em termos comunitários tendem a ficar mais e mais exclusivistas e grupais, ao ponto de centros e outras casas espíritas serem popularmente identificadas em torno de tais ou quais pessoas. Sejamos humildes o suficiente para aceitarmos compreender que, muitas vezes, a pouca ou nenhuma participação política tem sido uma das nossas características.

Aqui repetimos: participação em política partidária é coisa que deve ficar restrita a cristãos e cristãos-espíritas especificamente vocacionados para tal; estes, embora nem sempre tenham isto bem claro para si, quando no difícil meio da política de partidos não traem seus princípios espirituais, vivem sempre em intenso sacrifício. Mas sua autêntica vocação – para a política e para a vida espiritualizada – os garante. No entanto, todo cidadão tem compromissos com sua "cidade" (a "cidade humana"), como ensinou o grande Péricles, na Grécia de 430 a.C. Nenhum purismo espiritualista pode impedir aos cidadãos estarem atentos às propostas políticas, para que francamente apóiem toda proposição honesta e profícua.

Em sua carta aos Filipenses, escreveu vigorosamente o Apóstolo Paulo: "Quanto ao mais, irmãos, tudo o que é verdadeiro, tudo o que é honesto, tudo o que é justo, tudo o que é puro, tudo o que é amável, tudo o que é boa fama, se há alguma virtude, e se há algum louvor, nisso pensai" (4: 8). De tal ensino é lícito depreendermos que, não apenas cada um de nós deve pensar no que é verdadeiro, honesto, justo, puro e amável, mas que cumpre-nos também apoiar o que nossos irmãos proponham, em linha de justiça, honestidade e verdade.

Nos Evangelhos podemos ver que o próprio Mestre Jesus, ao redimensionar o legalismo mosaico na linha do amor e do perdão, revolucionariamente ia instaurando uma nova ordem de vida no Estado teocrático judaico – isto em sentido de reforma estrutural. Mas, Jesus, nem por isso considerou dispensáveis os atendimentos a casos particulares de sofredores, nisto ensinando-nos que o amor e a caridade não têm fronteiras, devendo perpassarem toda a realidade humana: desde as questões pessoais e particulares, até às dimensões estruturais da vida político-social.

Relembramos o texto de Péricles, em epígrafe: "Todo aquele que não participa dos problemas da cidade é considerado, entre nós, um mau cidadão, não apenas um cidadão silencioso". Ora, não devemos admitir que o espírita, enclausurado em seus próprios interesses espirituais, seja um mau cidadão; porque bom cidadão não é apenas o que a ninguém faz mal, mas o que oferece o benefício do seu apoio às causas justas, verdadeiras e honestas.

Nosso país, espiritualmente muito rico, ao ponto de o plano espiritual revelar grandes esperanças quanto a esta parte do mundo, vive uma realidade sócio-econômica muito difícil. Muita pobreza, muitos irmãozinhos sem lar e expostos aos sofrimentos das ruas, índice assustador de subnutrição, prostituição e indigência – tudo isto na 8ª economia do planeta. Eis porque, uma verdadeira renovação íntima precisa se livrar de quaisquer insensibilidades políticas – mais uma vez tomando esta palavra em seu sentido original.

A caridade de semáforos e calçadas tem seu valor, mas ainda é muito miúda. O nosso próximo, em realidade difícil como esta de Terceiro Mundo, espera muito mais de nós; e Deus espera que não apenas aliviemos nossa consciência com um óbulo, mas que assumamos os compromissos políticos que a "cidade humana" precisa que assumamos.

Dr. Bezerra de Menezes, luminoso servo do Senhor, foi político e terminou os seus dias recebendo adjutórios das pessoas amigas e agradecidas que o visitavam em seu leito final. Mas deu sempre o exemplo de que nenhum espírita deve-se imaginar uma ilha de santidade alheia às necessidades sociais. Que o Divino Jesus sempre lhe acrescente mais luz! Que sigamos aprendendo com ele!

17

AUTO-EDUCAÇÃO

"*Tu, pois, que ensinas a outro, não te ensinas a ti mesmo?*" (***Romanos 2:21***).

"*Com o conhecimento relativo de si mesmo, indispensável a cada momento de sua evolução, fim a que toda a sua ação deve tender com os recursos morais e as experiências próprias e alheias, que lhe facilitam a atuação no plano em que se move, pode muito bem o indivíduo orientar sua auto-educação*" (***Angel Aguarod. Grandes e pequenos problemas, FEB, p. 219***).

Noutro capítulo, reconhecemos o poder das forças em nós inconscientes que desde há muito justificaram o Apóstolo Paulo dizer: "O bem que quero, não consigo fazer.

Mas o mal que não quero, este sim, eu faço". Lembramos, todavia, naquele trecho que o trabalho das forças conscientes está em equilibrar sentimentos e pulsões que nos vêm do inconsciente.

Ora, não há empreendimento de renovação pessoal que possa negligenciar esforços constantes de auto-educação; e esta deve ser a mais plena e efetiva atividade do nosso consciente. Vê-se, de imediato, que não é coisa que todos os Espíritos, em qualquer estágio evolutivo, possam fazer; os empenhos para a auto-educação pressupõem uma situação evolutiva que tenha alcançado um determinado e básico patamar de desenvolvimento íntimo. Espíritos encarnados há, de tal forma primitivos em seu egoísmo feito de instintos primários, aos quais de nada adiantará pedir-se esforços de auto-educação. Afinal, são irmãos nossos dotados de rude infantilidade que os faz quererem tirar da vida e do mundo todos os proveitos e gozos, sem que admitam oferecer nada de si para o seu ambiente.

Em nossos empenhos de auto-aperfeiçoamento vamos, portanto, precisar contar com alguns importantes desenvolvimentos anteriores. Antes de tudo, precisaremos ter chegado à lucidez do *discernimento*; necessitaremos ter alcançado um tal nível de razão que permita os bons resultados de uma constante auto-avaliação ou auto crítica. Escreveu o histórico doutrinador Angel Aguarod: "Desenvolvida no homem a razão, ao ponto de lhe tornar possível julgar e discernir, chega ele ao período em que, pelo desenvolvimento do seu livre-arbítrio, ainda que limitado, assumindo a responsabilidade de seus atos, lhe cumpre tomar sobre si a tarefa da própria educação" (*Grandes e pequenos problemas*, p. 217).

No entanto, a obtenção do discernimento sem que antes se tenha desenvolvido em nós a *sensibilidade*, põe-nos ante os riscos das arrogâncias do intelecto. Certa vez, respondendo a alguém que o interrogou quanto ao caminho da vida eterna, disse o Divino Mestre: "Crê no Senhor teu Deus de todo o teu coração, de toda a tua alma e de todo o teu entendimento". Não creio que esta ordem posta por Jesus seja aleatória; em primeiro lugar, o coração, que simboliza a sensibilidade e os sentimentos; em último lugar, o entendimento, que configura as operações da inteligência. Assim, para os esforços de auto-educação, é preciso que ambos – sensibilidade e discernimento – tenham atingido os níveis necessários a que se queira e se possa iniciar um trabalho de auto-melhoramento.

Percebemos, então, que um terceiro elemento deve ser atingido para a possibilidade da auto-educação: Trata-se da *vontade*; e aqui falamos de vontade espiritualizada, que é exatamente o anseio por não se deixar cair em estagnação, marcando passo pelas encarnações, sem maiores resultados de avanço e crescimento mental e espiritual. Uma vez alcançados esses três pressupostos fundamentais: o *discernimento*, a *sensibilidade* e a *vontade espiritualizada*, cumpre a cada ser humano trabalhar em sua auto-educação. Este não é um trabalho exclusivamente nosso, que dê margem a tornarmo-nos vaidosos dos nossos feitos; outra vez, vamos colher sabedoria em Angel Aguarod, quando este pondera: "Toda criatura humana, não obstante ter que se auto-educar, necessita para isso de mentores, tanto encarnados como desencarnados, mentores que desapareçem quando ela chega ao apogeu do desenvolvimento espiritual, do mesmo modo que a criança, para aprender a andar, necessita de auxiliares, que dia a dia se tornam menos necessários, fazendo-se completamente dispensáveis desde que ela consegue caminhar com desembaraço e sem perigo" (Obra citada, p. 218).

Mantenhamo-nos sensatamente humanos e não imaginemos ser a auto-educação uma vacina definitiva contra o erro. Mas se constantemente praticada com dedicação e boa vontade, a auto-educação faz irem-se diminuindo em nosso cotidiano os erros antes tão comumente constantes. Vigiemos e oremos, conforme recomendou o Divino Mestre, pois estaremos sempre sob assaltos de forças inconscientes e sob as tentações da nossa sociedade enfermiça. Que o nosso processo de auto-educação seja alimentado pela prece.

Tenhamos também clara a diferença que há entre *auto-reprimir-se* e *auto-educar-se*. A auto-repressão é sempre forçada e violenta, amordaçando sentimentos e desejos que futuramente o inconsciente cobrará de nós. Já a auto-educação diz respeito à reflexão aprofundada, ao auto convencimento, à busca de caminhos e modos de nos modificarmos para melhor, mas evitando violentarmo-nos. A auto-repressão pode ser ação neurótica, como as coisas mais filhas do medo do que da fé, enquanto que a auto-educação deve ser ação ética, que caminha daquilo que *é* para os ideais do que *deve ser*.

Atentos a nós mesmos e a tudo e todos que nos rodeiam

é que se faz possível a auto-educação. Aprendemos com bons e maus exemplos; com os primeiros, aprendemos o que devemos imitar para melhorar-nos; com os segundos aprendemos tudo o que não queremos ser.

O Apóstolo Paulo põe-nos ante severa pergunta: "Tu, pois, que ensinas a outro, não te ensinas a ti mesmo?" Damo-nos conta, então, de como é relativamente fácil, com boa retórica e com eloqüência, convencermos aos outros; e de como é difícil, com a melhor retórica, convencermo-nos a nós mesmos. Mas a tarefa da auto-educação é central aos empenhos de renovação íntima, coisa que não é apenas feita e, pronto, está terminado; mas é uma constante missão para aqueles que se querem tornar melhores para que possam melhor servir a Deus. Auxiliados pelos mentores enviados pelo Mestre Jesus, não negligenciemos nosso trabalho de auto-educação; assim seremos sempre renovados pela graça de Deus.

18

EXAME DE CONSCIÊNCIA COMO BÚSSOLA

> *"Orai por nós, porque confiamos que temos boa consciência, como aqueles que em tudo querem portar-se honestamente"*
> ***(Aos Hebreus 13:18).***

Sem sondarmos o nosso íntimo periodicamente, dificilmente poderemos saber em que situação nos encontramos em relação aos nossos anseios de auto melhoramento espiritual. Há, porém, os que fogem dessas sondagens, considerando-as sofrimentos desnecessários e mesmo atitudes masoquistas de auto flagelação.

A tal respeito, o espírito Joanna de Ângelis, pela

mediação de Divaldo Franco, observa incisivamente: "É do agrado de algumas personalidades neuróticas, fugirem de si mesmas, ignorarem-se ou não saberem dos acontecimentos, a fim de não sofrerem. Ledo engano! A fuga aturde, a ignorância amedronta, o desconhecido produz ansiedade, sendo, todos estes, estados de sofrimento.

O parto produz dor, e recompensa com bem-estar, ensejando vida" (*O homem integral*, p. 49). Veja-se que a mentora Joanna de Ângelis denomina neuróticas às personalidades fugitivas – que fogem ao auto-exame.

Quando um espírito se exercita no sentido de alcançar determinadas metas, é preciso que ele observe a si mesmo, que observe os seus passos e, com periodicidade, avalie os resultados dos seus esforços que necessariamente se traduzirão na qualidade de sua conduta – exterior e íntima. Mas isto não deve ganhar ares de um auto policiamento, cortante e impiedoso; trata-se de olhar calmamente para si, a ver se constata esta ou aquela melhora e atento também a aspectos estagnados que seguem perturbando-lhe a ascese espiritual. Deve ser uma avaliação realista, e não um desesperado momento de auto-acusações; hora de se alegrar com os progressos alcançados e enxergar claro, para posteriores tomadas de providências, os pontos de resistência que continuam atrapalhando a verdadeira renovação pessoal. É hora que pede lucidez e disposição, sendo que irritação e desespero em nada ajudarão.

Em *O Livro dos Espíritos*, o grande Santo Agostinho assina belíssima página sobre o exame de consciência, o qual o bispo de Hipona praticava todas as noites. Dessa bela página agostiniana extrairemos algumas passagens para a presente reflexão; como, por exemplo, o trecho em que, agora Espírito desencarnado, Agostinho diz: "Aquele que, cada noite, lembrasse todas as ações da jornada, o que fez de bem ou de mal, pedindo a Deus e ao seu anjo guardião para o esclarecer, adquiriria uma grande *força para se aperfeiçoar*, porque, crede-me, Deus o assistiria. Questionai, portanto, e perguntai-vos o que haveis feito e com qual objetivo haveis agido em tal circunstância; se haveis feito alguma coisa que censurais em outrem; se haveis feito uma ação que não ousaríeis confessar. Perguntai-vos ainda isto: se aprouvesse a Deus me chamar neste momento, reentrando no mundo dos Espíritos, onde nada é oculto, eu teria o que temer diante de alguém? Examinai o que podeis ter feito contra Deus, contra vosso próximo, e enfim, contra vós mesmos. As respostas serão um repouso para vossa consciência ou a indicação de um mal que é preciso curar" (*O Livro dos Espíritos*, p. 355, questão 919).

Agostinho põe-nos ante a necessidade do auto-exame, mas, pelo que lemos nas últimas palavras do texto citado, não é para que nos desesperemos, não para que nos desiludamos e no peito batamos um choroso *mea culpa*. Inquirindo-nos com verdade, homens e mulheres imperfeitos e débeis, ora encontraremos respostas boas que nos conduzirão a águas de repouso, ora encontraremos males que ainda resistem em nós; ambos devem fortalecer-nos para lutarmos pela cura de nossas fraquezas íntimas. Segundo nosso estágio evolutivo, principiaremos encontrando mais negatividades em nosso exame de consciência; mas se nos dispomos agora ao auto-exame, isto é já indicativo que estamos dispostos aos esforços abençoados por Jesus, os quais um dia nos levarão a encontrar em nossas consciências mais as positividades do progresso.

O grande colaborador do Espírito de Verdade, Santo Agostinho, aconselha-nos a estarmos também atentos às repercussões de nossas atitudes e comportamentos nos que nos rodeiam. Afinal, normalmente, ações positivas felicitam nossos semelhantes; de modo que, também é auto-exame colhermos cuidadosamente e com verdade as impressões que nossos atos provocam no nosso próximo.

Não importa com que periodicidade. Diariamente? Semanalmente? Importa é que não abramos mão dos encontros conosco próprios, pois, corajosa é a pessoa que de si mesma não foge. Não nos iludamos: às vezes o exame de consciência é sofrido e, dependendo das circunstâncias e dos nossos atos, deixa-nos "em carne viva". Mas, irmãos, alguma vez já viram como se salvam pessoas que tiveram grande parte do corpo queimada? Além dos antibióticos preventivos que se lhes dá, põe-se-lhes pomadas nas queimaduras. Quando, porém, os médicos verificam que nos espaços queimados estão se formando cascas – que são tecidos mortos, necrosados –, anestesiam a pessoa e escovam os ferimentos com a finalidade de deixar as áreas danificadas "em carne viva" mesmo, de vez que o tecido morto das cascas acabaria por matar o paciente queimado. E medica-se de novo.

Usamos imagem assim chocante para deixarmos claro

que, os tecidos mortos dos nossos erros que procuramos apenas esquecer, intoxicarão nossa vida íntima, aí sim, conduzindo-nos às desesperações e até à auto-aniquilação que vem como desistência de evoluir. Todos, em nossa profunda imperfeição, erramos; atingimos nosso Deus ao atingirmos negativamente o nosso próximo e nós mesmos. Mas ora: os perfeitos não precisam de se aperfeiçoar; o exame de consciência, traga as alegrias do repouso ou traga dores, deve conscientizar-nos das coisas que em nós ainda necessitam de melhoria e aperfeiçoamento.

Em nossos empenhos de reforma íntima, não fazemos nunca os exames de consciência apenas diante de nós mesmos. Fazemo-los com o auxílio dos espíritos guardiães e, quanto mais sinceros eles sejam, reverberam nas alturas espirituais em que o Divino Jesus vela por nós. Oremos, portanto, dizendo: "Nosso Mestre, eis-nos com nossas fraquezas, mas dispostos aos trabalhos de auto melhoramento. Enviai-nos, através de vossos mensageiros, o alimento que será pão para nosso espírito e fonte de disposição para escalarmos as montanhas da evolução. Quando lá em cima chegarmos, veremos Vossa face e conheceremos de fato a FELICIDADE". Assim seja!

19

SEXUALIDADE E VIDA

"(...) na Terra é vulgar a fixação do magno assunto no equipamento genital do homem e da mulher. Contudo, é preciso não esquecer que mencionamos o sexo como força de amor nas bases da vida, totalizando a glória da Criação" (**André Luiz, Ação e reação**).

Aproximemo-nos, agora, de um dos mais delicados temas da renovação íntima: a sexualidade. Afinal, aquilo que para tantos é erradamente tomado como razão de vergonha ou de escândalo, nosso doutrinador André Luiz – a quem tanto devemos, por benvindos esclarecimentos – chama "magno assunto", e o conceitua "como força de amor nas bases da vida, totalizando a glória da Criação".

Para bem dimensionarmos o valor da sexualidade, é necessário voltarmos a uma rica imagem utilizada pelo Dr. Sigmund Freud, ao criar a psicanálise. Freud ensinava, na passagem do século passado para este, que devemos pensar a sexualidade como um grande *iceberg*, que tem três quartos de sua massa submersa, apenas deixando de fora um quarto. Este um quarto mais conhecido, porque visível, corresponde à *genitalidade*, que diretamente diz de relações sexuais; mas *sexualidade* é mais do que genitalidade, de vez que as energias sexuais são forças cósmicas de vida, que estão nos fundamentos das grandes realizações artísticas, científicas, místicas, respondendo pela alegria de viver.

Ora, nosso André Luiz não diz diferente; comenta ser vulgar e usual que fixemos o magno assunto do sexo no equipamento genital do homem e da mulher, com isto empobrecendo drasticamente a real dimensão da sexualidade. O doutrinador em apreço diz mais: "Não podemos, dessa forma, limitar às loucuras humanas a função do sexo, pois seríamos tão insensatos quanto alguém que pretendesse estudar o Sol apenas por uma réstia de luz filtrada pela fenda de um telhado" (*Ação e reação*).

Há doutrinas que reduzem o sexo à genitalidade

procriativa, demonstrando profunda hipocrisia em relação à natureza humana, pois, se um casal com décadas de casamento só se relacionasse sexualmente para procriar, haveria de ter dezenas de filhos. E tanto mais contraditórias se mostram tais posições religiosas, na medida em que criam "tabelas" (considerando períodos férteis e inférteis da mulher), para que se possa praticar o sexo sem intenção de filhos. Urge que as pessoas mais sensatas vejam claro que: a) a sexualidade não se reduz à genitalidade; b) o sexo, para que seja pleno, deve ser força de celebração do amor e comunhão de vidas em sua afetividade; c) momento de graça em que a força cósmica do amor pode gerar outros seres.

Perversões sexuais há muitas, em razão de nosso rudimentar estágio evolutivo. Porém, não chamemos apressadamente pervertidos, por exemplo, aos homossexuais, pois isto será preconceituoso. Pervertidos são os muito maliciosos, os que praticam sexo com desrespeito, os que se deleitam com abusos sexuais, os sádicos e os masoquistas, e muitos outros, entre os quais se situam hetero e homossexuais, segundo a intencionalidade problemática de suas vidas sexuais.

Não nos esqueçamos, todavia, de que as perversões

estão presentes em outras áreas da vida; o sovina – com seu neurótico amor ao dinheiro – é um pervertido, assim como o estroina – que gasta compulsivamente – também o é. Os que se destróem em lutas pelo poder (político ou econômico), amando-o sobre todos os demais valores da vida, são pervertidos; assim como o são os glutões e tantos outros, pois, nossa pobreza evolutiva tem-se mostrado mais abrangente do que imaginamos. São os nossos preconceitos que nos têm levado a aplicar o nome de perversão apenas aos desvios sexuais.

Em *Vida e Sexo*, nosso querido Emmanuel lança luzes novas sobre a homossexualidade e a chamada transexualidade, que o Mentor considera sinônimas, escrevendo: "A homossexualidade, também hoje chamada transexualidade, em alguns círculos de ciência, definindo-se, no conjunto de suas características, por tendência da criatura por comunhão afetiva com uma outra criatura do mesmo sexo, não encontra explicação fundamental nos estudos psicológicos que tratam do assunto em bases materialistas, mas é perfeitamente compreensível à luz da reencarnação". Em nenhum desses textos encontramos a intenção de estimular práticas homossexuais; o que os

Mentores buscam esclarecer-nos é que há explicações reencarnatórias para tais práticas, tentando abolir preconceitos odiosos em nós.

A sexualidade, e em seu âmbito a genitalidade, ambas são ditas por André Luiz "magno assunto" por duas razões nucleares: a) a primeira, a magnitude real da sexualidade na vida cósmica e, portanto, na globalidade da vida humana; b) a segunda, o duro fato de que as piores armadilhas que existem no caminho da reforma interior se originam de desequilíbrios sexuais às vezes existentes em pessoas muito bem intencionadas. Ora, sexo deve ser beleza, amor, alegria e evolução. O mesmo André Luiz, em sua obra *Evolução em dois mundos* (psicografada por Chico Xavier e Waldo Vieira) é quem adverte: "(...) apenas o conhecimento superior, gravado na própria alma, pode opor barreiras à extensão do conflito existente, traçando caminhos novos à energia criadora do sexo, quando em perigoso desequilíbrio".

Isto significa que, aquele que realmente deseje sua renovação íntima e a manutenção de um claro processo evolutivo, deve buscar viver a sua sexualidade na presença de Deus e sob os ensinamentos evangélicos. Se a vida sexual for bela, amorosa e alegre, será evolutiva. E o Divino Jesus, cuja compreensão é infinita, analisará à luz do vasto panorama de muitas vidas a sexualidade de alguns irmãos que se sentem sem escolha, o que não os dispensará de renúncias e esforços próprios para que alcancem – ainda que com sacrifício – maior retidão existencial.

Como síntese das melhores energias cósmicas, o que o sexo não pode é ser banalizado em comportamentos desumanos e degenerescentes. O ser humano espiritualizado não necessita perder as alegrias da sexualidade ou isolar-se para se fazer em um ser assexuado; o que o homem e a mulher espiritualizados necessitam é de fazer das plenitudes afetivas do sexo um caminho de engrandecimento do outro e de si mesmos. Corações afetuosos e almas limpas sempre poderão contar com o amparo de Jesus e dos seus mensageiros da Espiritualidade.

20

ESCOLHESTE AS PROVAS. E AGORA?

> *"Desse modo, é inevitável a ocorrência do sofrimento na Terra e nas áreas vibratórias que circundam o planeta, nas quais se movimentam os seus habitantes. Ele faz parte da etapa evolutiva do orbe e de todos quantos aqui estagiam, rumando para planos mais elevados".*
> ***(Joanna de Ângelis, Plenitude - psicografia de Divaldo P. Franco).***

Para alguns, provavelmente mais endividados, o sofrimento chega cedo; para outros vem mais tarde, em suas doses mais maciças. Porém, em alguma altura da vida, o sofrimento chega como dura escola para que nela aprendamos e cresçamos. Como lembra Joanna de Ângelis no texto em epígrafe, isto "faz parte da etapa evolutiva do orbe e de todos quantos aqui estagiam". E se há algo de fundamental importância para nosso aperfeiçoamento espiritual, é que saibamos compreender a necessidade dos nossos sofrimentos, a fim de que possamos com ele aprender, em vez de revoltar-nos.

Por todos os meios que Deus pôs ao nosso alcance, devemos evitar o sofrimento, pois é coisa que ficou na Idade Média e em suas proximidades um Cristianismo masoquista, que amava o sofrimento ao ponto de procurá-lo e até de provocá-lo por processos de auto-flagelação. Os meios dados ao ser humano, pela Divina Providência, para não sofrer, são legítimos e devem ser usados, de vez que fica claro ser esta a vontade do Altíssimo. Apenas que, chegados os grandes sofrimentos que não podemos evitar, o que se espera de nós é o que Joanna de Ângelis denomina de uma *resignação dinâmica*, "isto é, a aceitação do problema com uma atitude corajosa de o enfrentar e (se possível) remover-lhe a causa".

Nós, os que temos como forma básica de compreensão da nossa trajetória de espíritos imortais a reencarnação, bem sabemos que as maiores provações desta vida nós as escolhemos e as pedimos antes de reencarnar, vendo-nos demasiadamente devedores por erros e desvarios passados. É como se cada grave falta cometida em vidas anteriores deixasse em nosso "corpo" perispiritual cicatrizes muito feias, feitas de um tecido que sempre estará irradiando negatividades e expondo-nos às reincidências. De tal modo que a lei de ação e reação socorre-nos, não como punição ou castigo de Deus, mas como recurso para livrar-nos das perigosas cicatrizes irradiantes.

Precisamos viver em nós os sofrimentos que impusemos a outros para que, com a graça de Jesus, logremos remover do nosso perispírito as feias cicatrizes, com seus tentadores tecidos irradiantes que nos expõem, a todo tempo, a que reincidamos nos mesmos erros. De sorte que rogamos a possibilidade do sofrimento para procurar evoluir; mas, uma vez esquecidos do que pedimos ao nascer para esta experiência reencarnatória, descompreendemos o nosso sofrer, chegando mesmo a rebelar-nos. Nisto, é uma vez mais a Mentora Joanna de Ângelis que nos auxilia, ponderando que: "Fugir, escamotear, anestesiar o sofrimento são métodos ineficazes, mecanismos de alienação que postergam a realidade, somando-se sempre com a sobrecarga das complicações decorrentes do tempo perdido. Pelo contrário, uma atitude corajosa de examiná-lo e enfrentá-lo representa valioso recurso de lucidez, com efeito terapêutico propiciador de paz.

As reações de ira, violência e rebeldia ao sofrimento mais o ampliam, pelo desencadear de novas desarmonias em áreas antes não afetadas" (*Plenitude*, p. 16). É, pois, necessária a *resignação dinâmica* ante sofreres decorrentes de provas por nós pedidas à Divina Providência.

Veja-se, portanto, que o pensamento que anima a Doutrina Espírita inspirada nos ensinamentos evangélicos, nada tem a ver com visões mórbidas do Cristianismo medieval que, como antes dissemos, mostravam um amor doentio à dor e às privações. Assim como Jesus deu ao legalismo mosaico as novas dimensões do amor e do perdão, a Terceira Revelação trazida pelos Espíritos de luz substituiu o amedrontado cristianismo medieval pela alegria e pelo entusiasmo pelos processos evolutivos rumo a planos mais elevados. Não mais se trata de amar morbidamente o sofrimento, mas de corajosamente compreendê-lo como possibilidade de burilamento e fonte de ensinamentos.

Ora, a constante renovação íntima deve preparar-nos para que sorvamos sábia e intensamente a felicidade dos momentos de brandura e paz, bem como para que aceitemos com humildade a realização das provas que nos haverão de curar o Espírito para estados de alegria ainda maiores. Sempre – numa atitude como noutra – teremos necessidade de toda a assistência possível dos mensageiros do Plano Divino, pois, uma alegria recebida instintivamente e de forma quase animal, que não é lucidamente percebida como bênção a agradecer-se, é coisa que o tempo leva sem maiores ensinamentos; da mesma forma que sofrimentos descompreendidos e rebeldemente rejeitados, não se transformam em sabedoria e não levam a crescimentos íntimos. É a assistência dos Mensageiros da Luz que nos auxiliará a vermos com clareza de quantos modos a misericórdia divina se exprime em nossas vidas.

Todas as tradições sapientais, do Oriente e do Ocidente, alertam-nos a que devamos preparar-nos para os tempos mais difíceis do sofrimento, de vez que há perdas que são terrivelmente dolorosas e há situações de enfermidades orgânicas ou mentais que pedem de cada ser humano estar firmemente ancorado na fé e na fidelidade a

Deus, como o exemplificou Jó, num dos mais pungentes livros da Bíblia Sagrada. São muito fortes as palavras deste servo de Deus quando, atingido pelas desgraças das mais variadas perdas, diz: "Nu saí do ventre de minha mãe, e nu tornarei para lá; o Senhor o deu, e o Senhor o tomou; bendito seja o nome do Senhor" (Jó 1:21).

Ninguém, por mais espiritualizado que seja, está por isto livre de sofrer. Em nosso estágio, o sofrimento é um constitutivo de nossas vidas. O que assiste beneficamente ao ser humano verdadeiramente espiritualizado é o *saber sofrer melhor*, isto é, aceitando com resignação o que não pode mudar e procurando fazer das suas dores uma escalada evolutiva, em vez de uma estagnação na revolta.

"Em tudo dai graças", ensina-nos o Livro Sagrado mediante a exemplificação de nosso Mestre Jesus.

21

O EVANGELHO E AS PRECES COMO SUSTENTAÇÃO

*"Não te descures.
A noite de oração em família, do estudo cristão
no lar, é a festiva oportunidade de conviver
algumas horas com os Espíritos da Luz que
virão ajudar-te nas provações purificadoras, em
nome daquele que é o Benfeitor Vigilante e
Amigo de todos nós".* **(Joanna de Ângelis,
Celeiro de bênçãos, por Divaldo Franco)**.

*"E aconteceu que naqueles dias (Jesus) subiu ao
monte a orar, e passou a noite em oração a
Deus"* (**S. Lucas 6:12**).

Para estarmos em constante processo de renovação

espiritual, necessitamos de dois elementos de sustentação: o Culto do Evangelho e as preces. Nos primeiros tempos do Cristianismo, denominou-se a doutrina do Mestre Jesus de *Evangelho*, palavra derivada da língua grega e que significa *Boa Nova*. Era a novidade suave de uma doutrina que fundava entre os homens o reino do amor e do perdão; algo que vinha dar nova direção às vidas individuais e à ordem social no Estado teocrático dos judeus, depois expandindo-se por outros povos.

No entanto, passados quase vinte séculos, quem lê os ensinamentos evangélicos com sensibilidade e coração aberto descobre serem eles uma eterna boa nova e um constante chamamento. Os ensinamentos do Divino Jesus mostram-se supra-temporais, indo ao fundo das inquietações dos homens e mulheres deste final de século XX praticamente com a mesma intensidade do século I de nossa era. Essa doutrina antiga e sempre nova é caminho de renovação e fortalecimento para todos nós, sobretudo apreciada, como Allan Kardec o fez, em seus aspectos morais. Claramente, uma das virtudes básicas de *O Evangelho segundo o Espiritismo* é a de reunir os textos evangélicos voltados para a conduta moral, já ali contando-se com lúcidos comentários de Kardec e com instruções dadas por espíritos iluminados acerca da moralidade evangélica.

Por razões assim importantes é que, o Culto do Evangelho no Lar, deve ser despojado dos mecanicismos e automatismo. Não imaginemos que uma rápida (e às vezes desatenta) leitura, sem maiores reflexões, seguida de breve e apressada prece, seja a forma devida de conduzirmos o Culto do Evangelho. Desnecessário será determo-nos por tempo muito prolongado no culto aqui considerado; mas muito necessário que o tempo dedicado seja sumamente bem aproveitado, em *qualidade* de reflexão e prece. Que as leituras sejam atentamente ouvidas e bem consideradas em seus ensinamentos, e que as preces brotem do fundo do coração – estas são condições para que, elevando o padrão vibratório do nosso ambiente lareiro, realmente recebamos caridosas visitas do Plano Maior que vêm em nosso benefício, obedecendo à promessa de Jesus: "Onde dois ou três reunirem-se *em meu nome*, eu ali estarei".

A "festiva oportunidade de conviver algumas horas com os Espíritos da Luz", nas palavras de Joanna de Ângelis, tem que ser vivida com profundidade espiritual, para fortalecimento e amparo de cada um de nós e dos nossos lares. É momento sagrado de intervenção mais direta de Jesus em nossas vidas, através dos seus mensageiros do Grande Plano; de modo que não devemos transformar tais ocasiões em apressadas reuniões maquinalmente vividas. Repetimos: a questão não está na quantidade de tempo, mas na qualidade da vivência.

É sabido que o Culto do Evangelho no Lar deve ser sempre no mesmo dia da semana e com hora marcada, pois, nossos protetores espirituais têm agendas muito cheias em sua vida de intensos trabalhos. Indispensável a pontualidade, para que atribuamos ao momento sua real importância e seu peso específico.

Ainda é Joanna de Ângelis quem ensina: "Faze o indispensável, da tua parte, todavia, se os teus se negarem compartir o ministério a que te propões, a sós, reservadamente na limitação da tua peça de dormir, instala a primeira lâmpada de estudo evangélico e porfia..." Assim, não será desculpa suficiente dizermos que não fazemos nosso Culto do Evangelho porque nossos familiares não se solidarizam com a idéia de fazê-lo. Podemos e devemos, em benefício de familiares que se negam, fazê-lo a sós.

Quando uma única lâmpada é acesa, o domínio das sombras já se vê diminuído e enfraquecido.

As preces serão sempre fundamentais para a sustentação de uma vida espiritual sempre renovada. Observamos Jesus indo ao Horto das Oliveiras ou subindo ao monte para ali por-se em oração; logo, não podemos imaginar que nós – com todas as nossas imperfeições – não precisamos orar. Um pai humano, às vezes percebe a necessidade que está preocupando seu filho ou sua filha; mas, para não ser invasivo e respeitar o livre-arbítrio do filho ou filha, espera que o necessitado lhe fale; e, é ao ouvir aquele ser amado em suas necessidades que o pai mais se comove, examinando com empenho as possibilidades de auxiliar o necessitado.

É evidente que Deus, com muito mais razão conhece as nossas necessidades. Mas, estamos certos de que, respeitosamente, espera que busquemos a Sua presença e Lhe exponhamos nossas urgências. Além do que, a oração é, sobretudo, momento de agradecermos e de revelarmos ao Senhor o nosso amor filial. A prece sincera faz vibrar o fluido cósmico e chega a regiões espirituais cuja magnitude sequer logramos imaginar.

Ao vivermos intensamente nossa Espiritualidade, permaneçamos pessoas socialmente normais: convivendo alegremente, trabalhando naturalmente, sendo companhia serena e bem humorada aos nossos semelhantes, participando de movimentos sociais ou sócio-políticos. O que se sentirá de diferente em nós será a força que acumulamos com o Evangelho e com as orações, que nos é caridosamente propiciada pela espiritualidade.

Tão bons e judiciosos textos já foram escritos sobre a importância do Culto do Evangelho e das orações! No entanto, sentimos no coração o mandato do Divino Jesus de modestamente voltarmos ao assunto, agora realçando-lhe o aspecto de sustentação dos processos de renovação espiritual. Então, rogamos ao Mestre que estas linhas, a despeito de sua muita simplicidade, enderecem-se a corações sinceros, estimulando-os em seus esforços evolutivos. Fortaleçamos o lar e mantenhamo-nos em comunhão com as fontes de luz que podem amparar-nos em nossa jornada terrena.

22

DA NECESSIDADE DE INSTRUIR-NOS

> *"Sede mais laboriosos e perseverantes em vossos estudos; sem isso os Espíritos superiores vos abandonam, como faz um professor com os alunos negligentes"*. (**Allan Kardec, O livro dos espíritos, Introdução, p. 26**).

Há séculos, o filósofo e matemático Pascal, que foi um cristão de grande seriedade, escreveu: "O meu Deus não é o Deus dos filósofos. É o Deus de Abraão, de Isaac e de Jacó". Com isto, Pascal afirma que o Deus no qual crês não é uma criação sofisticada de intelectuais, mas o Deus que habitou a profundidade dos sentimentos das grandes figuras bíblicas – Deus de verdade e de simplicidade. Mas é muito evidente que o sábio em foco, que aliás tanto estudou e meditou, só rejeita os excessos e atitudes pretensiosas dos intelectuais, pois todo exagero é pernicioso; não encontramos na afirmação de Pascal uma forma de pura e simplesmente rechaçar-se o estudo.

Todos os que tenham escolaridade e educação suficientes para o estudo não estão dispensados de instruírem-se. Muito ao contrário, as obras de Allan Kardec, de Emmanuel, de André Luiz, do Dr. Bezerra de Menezes e de outros, conclamam os espíritas-cristãos a que estudem com regularidade e método, seja a Codificação Kardequiana, sejam os textos sagrados (as Escrituras), seja a obra dos doutrinadores que vieram depois de Kardec, os desencarnados por via psicográfica e os encarnados por conferências e publicações.

Não é o caso de dar-se excessiva importância aos estudos; há semi-alfabetizados e mesmo analfabetos que são exemplos de espiritualidade cotidiana. Como também não é o caso de negligenciarmos, às vezes por preguiça, a necessidade de instruir-nos mediante leituras e meditações mais sistemáticas.

Muitos há, dotados de plenas possibilidades de

progresso no conhecimento, que reduzem suas vidas às leituras bem breves de inspiradas mensagens. As obras de belas mensagens têm importante missão a cumprir: dar, aos momentos de reflexão ou às horas difíceis por que passamos, o conteúdo edificante que, naquele momento, pode elevar-nos espiritualmente e enriquecer nosso padrão vibratório. Graças a Deus, espíritos desencarnados e também encarnados, têm produzido – em nome de Jesus – volumes maravilhosos de mensagens. O que ocorre é que, sem deixar de nos beneficiarmos com tão inspiradas mensagens, na medida que tenhamos a escolaridade necessária, temos um compromisso maior de instruir-nos com leituras que aprofundem temas doutrinários.

O próprio Kardec, em *O Livro dos Espíritos*, escreveu: "... esses estudos requerem uma atenção firme, uma observação profunda e sobretudo, como de resto em todas as ciências humanas, continuidade e perseverança. São precisos anos para fazer um médico medíocre, e os três quartos da vida para fazer um sábio, e se quer, em algumas horas, adquirir a ciência do Infinito. Portanto, não nos enganemos: "o estudo do Espiritismo é imenso, toca em todas as questões da metafísica e da ordem social, e é todo um mundo que se abre diante de nós" (Introdução). Claro que Kardec não escreve assim para assustar os principiantes, cada qual irá, serenamente, até o limite do que pode fazer. Apenas o Codificador convoca os que puderam estudar um tanto e se desenvolver, a que assumam a responsabilidade de instruírem-se na "ciência do Infinito". Mensagens e poesias têm seu lugar apropriado e importante no cotidiano dos fiéis a Jesus; mas não é o caso de nos reduzirmos a tais textos, apenas por serem comoventes e breves.

O crescimento intelectual, quando assistido pelas riquezas espirituais, é parte muito importante do global de nossa evolução. Problemático será, portanto, se por comodismo ou preguiça, deixarmos as obras doutrinárias mais profundas apenas como ornamento de nossas estantes. Léon Denis, André Luiz, J. Herculano Pires, Hermínio C. Miranda, o grande Emmanuel e tantos outros não podem ser relegados, em nosso meio, à condição de figuras respeitáveis mas "que dá trabalho ler".

Nosso Brasil tem, por exemplo, o privilégio de contar com as luzes do Professor Carlos Toledo Rizzini, que, em sua bela obra *Você e a renovação espiritual*, escreveu: "Tal é o objetivo da vida na Terra – o aperfeiçoamento do espírito eterno; *estudo* e *serviço* são os seus instrumentos. Por meio do estudo, assimilamos noções que serão os tijolos do raciocínio; por aí crescem a inteligência, o esclarecimento do espírito, a faculdade de compreender e modificar o ambiente, e a capacidade de entender o que sucede consigo mesmo. O serviço prestado ao próximo, sempre que haja oportunidade e possibilidade, é o próprio bem em ação" (Edicel, p. 76). Assim fica esclarecida a relevância de instruir-nos, sem que isto interrompa nosso serviço voltado para o semelhante; estudo e serviço em absoluto clima de humildade, pois, quanto mais estudamos mais descobrimos a extensão de nossa ignorância, e quanto mais servimos mais vemos quanto nos falta para servir melhor e quanto os irmãos nossos têm carências.

De modo que, feliz o processo de renovação espiritual que pode ser apoiado por instrução evangélico-doutrinária. Triste é ouvirmos ditos como: "Eu não gosto de ler"; como se isto fosse uma questão de gosto; entristecedor é percebermos que pessoas com escolaridade suficiente não se dão conta de que o estudo e a leitura são necessidades – são o zarcão que impede, em nós, as ferrugens deteriorantes da estagnação.

Renovemo-nos, ao contrário, agradecendo ao Divino Jesus termos aprendido a ler e termos desenvolvido as bases de nossa vida intelectual; agradecimento que se faz ainda mais necessário ao constatarmos que nascemos e vivemos em um belo mas pobre país, no qual o analfabetismo e a incultura são manchas melancólicas que enodoam a milhões. Mas, para além de dar graças ao Mestre, busquemos aplicadamente instruir-nos – primeiramente em ensinamentos evangélico-doutrinários, mas depois também na cultura geral que possamos alcançar.

Vida espiritual é vida ativa. Nenhum tipo de inércia dá certo com a vida espiritual, pois, uma vez mais lembrando o Professor Rizzini, o objetivo da nossa peregrinação nesta Terra é o aperfeiçoamento do espírito eterno. Que nosso Mestre muito amado, mediante os seus mensageiros que cotidianamente nos dão assistência, livre-nos da negligência e da preguiça, para que o estudo e o serviço ao próximo possam levar-nos adiante em nossa evolução, com isto beneficiando o nosso meio social.

Deixemos entrar luz, calor solar e ares renovadores em nosso coração e em nosso intelecto.

23

SAL DA TERRA E LUZ DO MUNDO

"Vós sois o sal da terra; e se o sal for insípido, com que se há de salgar? Para nada mais presta senão para se larçar fora e ser pisado pelos homens.
Vós sois a luz do mundo: não se pode esconder uma cidade edificada sobre um monte; nem se acende a candeia e se coloca debaixo do alqueire, mas no velador, e dá luz a todos que estão na casa" **(S. Mateus 5:13-15)**.

"Vós sois...". Quem é este *vós* ao qual Jesus se dirige no Sermão do Monte? Será um *vós* personalizado e datado? Ou um *vós* transcendente? Jesus ali fala a pessoas definidas que o ouviam mais de perto: os seus discípulos bem, como os seus seguidores mais próximos, num dado momento da história. Mas hoje podemos sentir a bela certeza de que o Mestre se dirigia aos seus discípulos de todos os tempos, de forma atemporal; falava aos que, em todo lugar e tempo, conhecendo-O, viessem a aceitar os seus ensinamentos como norma de fé e prática. Já quase dois mil anos passados, as palavras de Jesus continuam abalando o mais profundo de nossas sensibilidades e de nossas inteligências, numa conclamação a que assumamos nossa missão.

O *sal* e a *luz* são dois símbolos poderosos do pensamento crístico, retirados – é claro – da própria realidade cósmica e planetária que estava e está no cotidiano das pessoas. "Vós sois o sal da terra..." O sal é, antes de tudo, exato *símbolo de equilíbrio*; no alimento, se ele está em demasia deixa a comida desagradável e agride o todo orgânico, provocando alteração nas funções dos rins, retendo água no organismo indevidamente e levando a problemas de hipertensão arterial, que podem resultar em derrames cerebrais, gerando graves problemas neurológicos ou mesmo levando à morte física. Também, se o sal está de menos, apaga-se o prazer de saborear os alimentos e podem advir conseqüências à saúde orgânica dos já propensos à pressão arterial baixa. Há, assim, um ponto ideal no uso do sal; e, por esta razão, é símbolo de equilíbrio.

Mas o sal é também, essencialmente, *símbolo de conservação,* preservando as virtudes dos alimentos animais por impedir a sua deterioração. "Vós sois o sal da terra"; vós sois o *equilíbrio* da vida, bem como aquilo que deve evitar a *deterioração do mundo humano* em suas relações. Além do que o sal, sendo *símbolo da alegria do saborear,* lembra-nos que a sabedoria (que, em nossa língua, deriva do Latim *sapere*) tem a ver diretamente com a concreta alegria de se saborear adequadamente as experiências pelas quais passamos, transformando-as em saúde íntima e plenitude. O sal, ao tempo de Jesus, era "moeda" para remunerar trabalho: de onde, até hoje, a palavra *SALÁRIO*. "Vós sois o sal da terra"..., vós sois o equilíbrio, a conservação das virtudes, a alegria do amor ao viver com sabedoria. Quanta riqueza em poucas palavras!

No entanto, prossegue o Divino Mestre dizendo aos seus discípulos de todos os tempos e lugares: "Vós sois a luz do mundo...". Clareamento para a jornada própria e dos semelhantes, constante alvorecer de sentido espiritual para a vida. Antes, o salmista David já escrevera com grande poesia: "Lâmpada para os meus pés é Tua palavra, e luz para o meu caminho" (Salmo 119:105). E aquilo que o salmista atribuía à palavra de Deus, Jesus passa a atribuir aos seus discípulos de todos os tempos e lugares, ordenando-lhes que fossem e pregassem a toda criatura, isto é, que passassem a ser páginas vivas que, ambulantemente, exemplificassem o que é viver na luz do Senhor.

Luz que é esclarecimento afetivo, intelectual e espiritual, e não apenas clareamento da jornada. Esclarecimento *afetivo*, no sentido de que a alegria e a desdita de todo semelhante meu me afeta, assim como minhas alegrias e tristezas devem afetar aos meus semelhantes. Em suma: o ensino da permanência do sentido comunitário da vida dos primeiros cristãos, os "seguidores do caminho", que se amavam uns aos outros em clima de muita elevação.

Luz que é esclarecimento *intelectual* através da busca de sabedoria pelo estudo e pela meditação; uma sabedoria que, sendo espiritualmente assistida, pouco ou nada tem a ver com as arrogâncias da erudição e com a falta de humildade de alguns muito estudados e pouco sábios.

Portanto, luz que é calor do enriquecimento íntimo que se põe ao serviço de todos os irmãos, fazendo muito mais suportável a vida em sociedade neste nosso plano. Afinal, "não se acende a candeia e se coloca debaixo do alqueire (que era uma pesada arca-reservatório de alimento), mas no velador, e dá luz a todos que estão na casa", como ensinou nosso Mestre.

Estas coisas afirmadas pelo Cristo com grande vigor, precisam se traduzir em nosso constante processo de renovação espiritual. De quase nada valerá nos declararmos cristãos-espíritas, nos dizermos discípulos de Jesus pela via brilhante da Terceira Revelação, se nossas atitudes e comportamentos não forem constante testemunho do nosso discipulado. A exemplaridade é fundamental aos que receberam Jesus em suas vidas e tiveram o augusto privilégio do convívio com a espiritualidade maior, em regime de aprendizagem do amor e do perdão; de profunda aprendizagem de respeito, pois não existe amor nos corações que não sabem respeitar os seus semelhantes. Porque Deus e a vida nos tenham dado os privilégios do Espiritismo que revive o Cristianismo, isto não pode ser razão de nos sentirmos melhores do que os que abraçam outras razões religiosas – ou de sermos acidamente críticos com os desta ou daquela religião. Emmanuel, na obra *Religião dos Espíritos*, escreveu: "Espiritismo revivendo o Cristianismo – eis a *nossa responsabilidade*" (p. 67). Nosso privilégio é, portanto, responsabilidade para com o amor, a tolerância, a fraternidade e o perdão.

Com todas as precariedades nossas, em meio às dificuldades sociais que vivemos, busquemos sempre renovar-nos no sentido de que passemos a ser exemplos de equilíbrio, preservação de virtudes cristãs, amor à sabedoria, clareamento e esclarecimentos. Sempre lembrados de que não podemos ter a pretensão de alcançar estas coisas em orgulhoso isolamento; será suplicando ao doce Jesus a constante assistência dos Mentores do Plano Maior que seremos amparados em nossas imperfeições, para que busquemos ser sal da terra e luz do mundo.

Finalmente, com sua voz vibrando séculos e milênios a fora, Jesus diz a cada coração: "Assim resplandeça a vossa luz diante dos homens, para que vejam as vossas boas obras e glorifiquem a vosso Pai, que está nos céus".

Mestre Jesus: é tão difícil para nós a renovação íntima! Mas, os impossíveis dos homens são os possíveis de Deus.

Toma nossa mão trêmula e guia-nos ao fortalecimento com o qual sonhamos.

24

RENOVAR-NOS PARA A AÇÃO

"Ainda que eu falasse as línguas dos homens e dos anjos, e não tivesse caridade, seria como o metal que soa ou como o sino que tine"
***(I Coríntios 13:1)**. Paulo.*

Quando o rigoroso Saulo se encaminhava para Damasco, contemplava a bela paisagem que emoldurava a estrada enquanto o sol, do alto, o aquecia e abençoava. Mas, àquela bonançosa natureza exterior, opunha-se dura tempestade que interiormente lhe vergastava o Espírito. Ocorre que aquele Doutor da Lei, ia para Damasco para articular novas perseguições contra os cristãos, embora ainda lhe doesse na alma a mansa fisionomia de Estêvão ao ser apedrejado. Naquela manhã, portanto, uma bonança e uma tormenta se encontravam. Saulo sentia, ou pressentia, que algo fantástico estava na iminência de acontecer-lhe.

Foi quando uma súbita e forte luz, mais forte que a luz da manhã, o envolveu e, assustando sua montaria, provocou que Saulo, o Doutor da Lei, caísse ao chão e, de repente, se visse ajoelhado no pó da estrada e atônito. Então, naquela intensa luz apareceu-lhe o Mestre Jesus interrogando: "Saulo, Saulo! Por que me persegues?" Jesus falou-lhe amorosamente mas com sua autoridade habitual, sabendo dirigir-se a uma alma maravilhosa mas equivocada, e Saulo, comovidamente, sentiu a intensidade do amor de Jesus. Ciente de que naquele instante sua vida mudaria e de que seria um homem novo, aquele espírito sincero e pleno de energia respondeu ao Mestre, também interrogando-O: "Senhor, o que queres que *eu faça?*"

É assim: só terá sentido renovar-nos *para a ação*. Então, o que mais necessitamos é de meditar sobre as muitas faces que necessariamente tem a ação cristã. Afinal, quem se imaginar renovado para a Doutrina Espírita-cristã, ou simplesmente para a doutrina do Cristo, e não apresentar os frutos da renovação aos seus irmãos, estará equivocado consigo mesmo.

Sob a orientação do Mestre, encontramos uma multiplicidade de modos de agir, sem prejuízo da força meditativa que a vida cristã deve ter.

Agimos no silêncio, pela força da prece que roga o benefício dos nossos semelhantes que vivem, às vezes, momentos dramáticos de suas existências; ou na serena prática do perdão, quando este brota sinceramente do fundo de nossas almas, sem alardes maiores.

Também *agimos ouvindo e compreendendo*; neste nosso tempo de desencontros e desatenções, as pessoas sentem muita necessidade de serem ouvidas; não apenas escutá-las de forma inconseqüente ou pouco atenciosa, mas ouvi-las caridosamente, tendo vivo interesse pelo que as faz sofrer, tanto quanto pelo que as alegra. Às vezes nos assustamos ao perceber que um filho, a esposa ou o esposo, não têm merecido de nós que os ouçamos amorosamente; e felizes dos que ainda percebem isto, pois a maior parte só se dá conta de quanta desatenção marcou suas relações familiares ao ver um filho mergulhado no desespero das drogas, ou ao assistir ao despedaçamento de uma vida conjugal que outrora fora um lindo ideal. *Entender* é mera operação do intelecto; mas *compreender* é muito mais do que isto: é irmanarmo-nos com os que sofrem e erram, lembrando-nos de nossas fraquezas. Entendimento é inteligência; compreensão é generosidade e amor cristão.

Agimos realizando bem nosso trabalho não importa qual seja – do mais simples ao mais sofisticado; a sociedade necessita de cientistas e de lixeiros, de engenheiros e de pedreiros. Imaginemos uma cidade sem lixeiros, mergulhada em imundície e mal cheiro; ou pensemos em belos projetos de engenharia que nunca pudessem sair do papel, à falta de pedreiros e mestres de obras. Realizando bem o nosso trabalho, com dedicação, humanitarismo e competência, estaremos agindo cristamente. Afinal, é quanto temos lido em Emmanuel, André Luiz, Joanna de Ângelis e em outros textos de mentores diversos.

Agimos cristamente ao partilharmos com nossos semelhantes as lições do Divino Mestre e os ensinamentos dos seus mensageiros espirituais. A vida em sociedade se caracteriza pelas relações interpessoais; já se disse que o mais verdadeiro espaço humano é o espaço da conversação, o que nos propicia inúmeras possibilidades de repartirmos o pão do Evangelho com nossos irmãos. Ademais, ordenou Jesus: "Ide por todo o mundo e pregai o Evangelho a toda criatura", como lemos no último capítulo do Evangelho de S. Marcos. A palavra que orienta, que desperta, que transmite paz: com tais palavras agimos sobre o nosso meio.

Ao concluir o maravilhoso capítulo 13 de sua Iª Epístola aos Coríntios, escreve o Apóstolo Paulo – aquele mesmo Saulo do início destas reflexões, após sua renovação: "Agora, pois, permanecem a fé, a esperança e a caridade, estas três; mas a maior destas é a caridade" (13:13). Então vemos que a mais completa ação cristã está traduzida na prática da caridade – de uma caridade que não é procura de aliviar a própria consciência, mas consiste em verdadeira expressão de amor: o tão imprescindível "amor ao próximo". Esta é, conforme frisa o Apóstolo, a mais elevada das ações de seres renovados e prontos para constante exercício de renovação.

Em comportamentos ativos (exteriorizados) ou passivos (no sentido de silenciosamente íntimos) pode perfeitamente traduzir-se a ação cristã. Tudo dependerá da exigência do momento e de nosso senso de propriedade ante as situações. "Misericórdia quero; não mais sacrifício", disse o Mestre para fazer-nos ver que as ações nossa feitas com intenções sacrificiais têm mínimo valor perto daquelas que nascem de um profundo sentimento de misericórdia – de um sentimento que nos irmana à humanidade.

Em todo lugar, em toda circunstância, bem como em qualquer tempo, a vida nos propicia ocasiões nas quais a nossa ação possa ser vista como o bom fruto de uma renovação espiritual que é amparada pelos mensageiros do Plano Maior, a fim de que mantenha sempre no mundo a presença visível de Jesus.

Não fiquemos, pois, aflitos, buscando com ansiedade isto ou aquilo para fazer, medrosos de que sejamos apanhados em negligência. O Divino Jesus porá em nosso caminho todas as oportunidades, a fim de darmos d'Ele testemunho. "Aquele que me confirmar diante dos homens, eu o confirmarei ante o Pai" (Jesus).

Por último, convém que não deixemos de lembrar que, o que mantém a vida e a saúde, é a ação; sendo que a ciência tem afirmado que, quem age com amor, evita muitas enfermidades.

25

A ALEGRIA DA RENOVAÇÃO

> *"As estradas que nos levam à felicidade fazem parte de um método gradual de crescimento íntimo, cuja prática só pode ser exercitada pausadamente, pois a verdadeira fórmula da felicidade é a realização de um constante trabalho interior".* (Hammed, **Renovando atitudes**, psicografia de Francisco do Espírito Santo Neto).

Quem está se trabalhando, buscando o auto-aperfeiçoamento, embora encontre dificuldades geradas pelas próprias imperfeições atuais, não está no tédio viscoso da estagnação. Os sinceros esforços de auto melhoramento constituem um processo dinâmico gerador de grande alegria. Já disse o pensador Carlyle que: "Fracassado não é quem tenta e não consegue; é quem não tenta". Isto é muito sábio, pois, das tentativas sinceras algum saldo de aprendizagem sempre fica, o que não ocorre na ausência de tentativas. Há, portanto, uma alegria intrínseca aos empenhos de renovação íntima.

Ora, felicidade é alegria de viver. Algo que sempre está presente na busca sincera dos ideais mais altos. É como nos ensina o espírito Hammed: "Ser feliz não é uma questão de eventos, de estarmos sozinhos ou acompanhados pelos outros, mas sim, de uma atitude comportamental frente à execução da tarefa que viemos desempenhar na Terra" (*Renovando atitudes*, p. 23). O real estado de felicidade é sereno e profundo, não devendo ser confundido com certas efusões de passageiro contentamento que são bem barulhentas às vezes.

Vejamos, porém, com clareza que a idéia de perfeição pode assustar-nos e mesmo nos paralisar. É algo tão grande e elevado, a perfeição, que ao tentarmos pensá-la sentimo-nos pequenos e fracos, com remotas condições de buscá-la. Vem, então, aquele desânimo que faz soar dentro de nós a pergunta amarga: "Quem sou eu para sequer tentar alcançar a perfeição?" Atentemos, porém, para a citação que está no início desta reflexão, e veremos que se trata de "um método gradual de crescimento íntimo", algo que deve ser exercitado pausadamente e sem maiores ansiedades, perspectivando inclusive outras existências que o processo reencarnatório nos propiciará.

Estejamos vigilantes para que a *idéia de perfeição* não se transforme em um obstáculo para a nossa *atitude de auto-aperfeiçoamento*; esta última visa conquistas paulatinas, que serão frutos de trabalho permanente e pacencioso, com consciência de que falharemos vez ou outra. O necessário é que consigamos ser, ao mesmo tempo, disciplinarmente exigentes conosco sem deixarmos de ser também gentis para conosco próprios; não se tratará, aqui, de complacência molóide, mas de noção humilde das nossas fraquezas.

Hoje, o que mais vemos são pessoas recuando ante os seus compromissos espirituais, num constante comportamento de fuga. Uns fogem de si mesmos para as diversões excessivas, dizendo em plena neurose inconsciente: "Eu quero é muita adrenalina!" Outros fogem para diferentes excessos como trabalho em demasia, sexo abusivo, envolvimento com álcool e com drogas químicas; sendo que os piores desses fugitivos são os que fogem para o interior de sua própria auto-suficiência arrogante e os que fogem para os labirintos da inércia.

De todo modo, o certo é que enquanto fugirmos dos nossos compromissos de vida (e vida eterna), estaremos ludibriando nossa própria evolução, atrapalhando indiretamente a evolução do nosso meio social, e nos sentiremos infelizes por irrealização. Neste caso, talvez tenhamos que suportar a vida, em vez de amá-la como preciosa oportunidade; ora, quando temos que suportar uma dada situação não podemos estar felizes, de vez que felicidade é a alegria da gratidão e do entusiasmo, na vida.

Ainda uma vez repetiremos que o ser humano, na arrogância de uma auto-suficiência travestida de força pessoal, não chega a lugar nenhum que valha a pena. É preciso comungar experiências com amigos encarnados e desencarnados, recebendo das boas almas deste plano e dos mentores e guias da espiritualidade todos os auxílios dos quais certamente somos e seremos necessitados. Através das vibrações da prece, em clima de intenções limpas e boas, trazemos para o nosso convívio espíritos desencarnados caridosos e amigos que têm imensa alegria de trabalhar junto com os bem intencionados desta Terra;

naturalmente, nunca valerá a pena perder esse convívio.

Se somos capazes de nos empenhar, por mais modestos que sejam os resultados dos nossos esforços, haverá de sempre nutrir-nos a alegria da auto confiança e a certeza das proteções espirituais. Noutra parte deste livro, já dissemos que as mais puras alegrias as encontramos após os obstáculos vencidos. Não fora assim, o Apóstolo Paulo não diria, após tantos sofrimentos e vicissitudes vividos por amor ao Cristo: "Combati o bom combate, acabei a carreira e guardei a fé".

Tendo olhos de ver, encontraremos inúmeros exemplos, antigos e atuais, de quanto valeu a pena o esforço de se colocar, no lugar do "homem velho", um "novo homem": o esforço para a renovação espiritual. A Índia e outras plagas asiáticas conheceram Sadhu Sundar Sing, que foi chamado "O Apóstolo dos pés sangrentos" em razão de imensas caminhadas que fez para levar aos seus irmãos de sofrimento as consolações de Jesus. A Grécia, o Império Romano e terras da Galiléia conheceram o Apóstolo campeão do Evangelho, o grande Paulo, que chegou a certa altura a dizer: "Já não sou eu que vivo; é Cristo que vive em mim". A Alsácia e a África Equatorial conheceram a extraordinária caridade do Dr. Albert Schweitzer, e o Brasil tem conhecido Irmã Dulce, Chico Xavier e Divaldo Franco, entre outros cujas lições de fé e caridade resplendem na pátria do Evangelho, que promete vir a ser coração do mundo.

São as citadas criaturas que vivem ou viveram, e algumas morreram, desinteressadas dos próprios sofrimentos porque plenificadas pela alegria resplendente dos exercícios constantes de renovação espiritual.

Assim, já seremos completamente vitoriosos se, quando formos chamados ao Plano Maior, pudermos dizer: "Fiz tudo que pude e estava ao alcance de meus esforços, embora não tenha conseguido muito". Em verdade, em tal situação já teremos conseguido muito mais do que podemos avaliar.

Que o Divino Jesus alimente em nós o fogo da fé, para que logremos ser sal da terra e luz para os nossos irmãos. Doce alegria já existe em desejarmos isto!

CONCLUIR PARA COMEÇAR

Aqui vamos concluir uma trajetória. Mas, ao concluirmos uma trajetória de reflexão, damos ensejo na verdade a que se inicie outra caminhada ainda mais importante: a de fazerem vingar na prática cotidiana os frutos do que foi meditado à luz de nosso Mestre Jesus. "Eu sou o caminho, a verdade e a vida" e "Eis que estarei convosco até à consumação dos séculos", são palavras d'Ele.

Com inteiro respeito pelo livre-arbítrio dos seres humanos, o suave Mestre estende as mãos aos seus irmãos de boa vontade, desejoso de que ninguém deixe de vencer suas próprias resistências; afinal, vencer-*se* é vencer muito mais. Não nos iludamos: nossos inimigos ou adversários estão é dentro de nós mesmos, armando ciladas de vaidade e de egoísmo, cedendo aos pactos com os lados sombrios da vida. Eis-nos ante o convite do Mestre.

Em *O Evangelho segundo o Espiritismo*, Allan Kardec observa que os espíritos mais comprometidos com as negatividades interiores e exteriores são os que recuam ante o dever da renovação espiritual. Ora, recuar é pecar; a palavra *pecado* (do grego *hamarthia*) significa, diferentemente do que as religiões tradicionais têm ensinado, desvio, desorientação ou "perda do caminho principal, por algum atalho". Por esta razão, no texto de Santo Agostinho que abre este livro está dito: "Não paremos no caminho, nem voltemos atrás, nem desviemos da rota. (...) O que se desvia perde a esperança de chegar. É melhor ser um coxo a caminho, que um bom corredor fora dele".

Ao sucumbirmos às seduções da estagnação, do nenhum esforço, paramos no caminho – o que é uma forma de negarmo-nos à jornada evolutiva. Ao voltarmos atrás recuamos literalmente e, portanto, pecamos; o mesmo ocorrendo ao nos perdermos por atalhos criados por nossas próprias viciações. Agostinho, todavia, não espera que caminhemos perfeitamente e sem dificuldade, dizendo, ao contrário, que "é melhor ser um coxo a caminho, que um bom corredor fora dele"; isto é: não conseguiremos milagrosamente mudar nossa vida no sentido da perfeição, de uma hora para outra; mas podemos, apesar das nossas fragilidades e imperfeições, seguir paulatinamente em direção ao nosso aperfeiçoamento.

A renovação espiritual é necessariamente um trabalho de paciência e tenacidade. Importante não será que não caiamos, mas que saibamos – sempre com o auxílio de Jesus e dos seus mensageiros – levantarmo-nos. Desde o início frisamos ser, a *ascese,* constante busca de virtudes; mas a própria palavra (ascese) sugere-nos esforços nada pequenos de ascensão.

Um dia, talvez sob forte inspiração vinda de esferas muito elevadas – pois os poetas são sempre seres meio mediunizados – Rudyard Kipling legou-nos estupenda página, já há muito conhecida e celebrada. Trata-se do poema *Se,* que queremos deixar neste epílogo, como um fecho de ouro – talvez demasiado precioso para reflexões tão modestas. Leia-o, amigo leitor, como se fizera uma prece:

SE

Se és capaz de manter a tua calma quando
todo mundo ao redor já a perdeu e te culpa;
De crer em ti, quando estão todos duvidando
e para estes, no entanto, achar uma desculpa;
Se és capaz de esperar sem te desesperares,
ou, enganado, não mentir ao mentiroso,
ou, sendo odiado, sempre ao ódio te esquivares,
e não parecer bom demais, nem pretensioso;

Se és capaz de pensar – sem que a isso só te atires;
De sonhar – sem fazer dos sonhos teus senhores;
Se, encontrando a Derrota e o Triunfo, conseguires
tratar da mesma forma a esses dois impostores;
Se és capaz de sofrer a dor de ver mudadas
em armadilhas as verdades que disseste,
e as coisas por que deste a vida, estraçalhadas,
e refazê-las com o bem pouco que te reste;

Se és capaz de arriscar numa única parada
tudo quanto ganhaste em toda a tua vida,
e perder e, ao perder, sem nunca dizer nada,
resignado, tornar ao ponto de partida;
De forçar coração, nervos, músculos, tudo,
a dar, seja o que for, que neles ainda existe,
e a persistir assim quando, exaustos, contudo
resta a vontade em ti, que ainda ordena: persiste!

Se és capaz de, entre a plebe, não te corromperes
e, entre reis, não perder a naturalidade;
E de amigos, quer bons, quer maus, te defenderes;
Se a todos podes ser de alguma utilidade;
E se és capaz de dar, segundo por segundo,
ao minuto fatal todo valor e brilho:

Tua é a terra com tudo que existe no mundo
e — o que ainda é muito mais — és um HOMEM,
         meu filho!

Que Jesus e toda a espiritualidade nos assistam sempre.

      Assim seja!

Do Mesmo Autor

Auto ajuda e
Mensagens em torno
da morte

13 x 18 • 152 pág

NA MAIOR DAS PERDAS (A divina consolação) é livro em que as palavras ganham a força do Plano Maior, em busca de corações de pais e mães que perderam filhos na infância ou na juventude. O que sempre se pôde constatar é que inexiste dor maior do que a de semelhante perda. De tal modo atordoante é essa dor, que os pais e outros familiares às vezes se perdem nos labirintos da revolta, impedindo-se de fruir o socorro que sempre lhes pode vir do Alto: a divina consolação, como a chamou um dia Mestre Eckhart.

As palavras, por si mesmas, poderiam muito pouco ou quase nada, se não fossem tocadas — como neste livro sensível — pelas forças maravilhosas da espiritualidade. De muitos ângulos o presente texto procura auxiliar pais e mães sofredores a apreciarem a provação a que foram submetidos, por uma razão conhecida por Deus e que um dia lhes será plenamente revelada.

Do Mesmo Autor

Doutrinário

13 x 18 • 182 pág

O livro contém importantes reflexões acerca da Lei do Progresso, abordada por Kardec em "O Livro dos Espíritos", Capítulo VIII. Muitas pessoas contestam as afirmativas de progresso e evolução, entendendo que, nos tempos atuais, tudo vai de mal a pior. O autor, que já sentiu e sofreu esses questionamentos de maneira dolorosa, aceitou o desafio de compreender melhor o tema da evolução humana. Entende que não podemos ter a visão de todo o plano divino para a humanidade, mas didática e progressivamente vai levando o leitor a entender que todos, indivíduaos e coletividades, estão inexoravelmente atrelados à Lei do Progresso. O grande plano divino é real, nós é que não temos ainda condições de visualizá-lo. Quando pudermos entender que, na trama precisa do cosmos nada é aleatório, não há injustiçados e não há nenhum lugar para o acaso, a vida passará a fazer mais sentido, com a compreensão na justiça divina. A Lei do Progresso é, pois, uma constante, embora em termos relativos de História, mas em termos absolutos de eternidade...

Profª Hilda F. Nami

Os Mais Vendidos

- **Getúlio Vargas em dois mundos**
Wanda A. Canutti (Espírito Eça de Queirós) – Biografia • *300 p. - 14x21 cm*

Uma obra que percorre importantes e polêmicos fatos da História, da época em que Vargas foi presidente do Brasil. Descreve também, seu retorno ao plano espiritual pelas portas do suicídio. Ditada pelo Espírito Eça de Queirós, a obra surpreenderá o leitor mais familiarizado com a extensa obra deixada pelo grande Eça há quase um século.

- **O Evangelho Segundo o Espiritismo**

Tradução Matheus Rodrigues de Camargo, revisão de Celso Martins e Hilda Fontoura Nami
- 288 p. – 15,5 x 21,5 cm – Brochura e Espiral
- 448 p. – Bolso – Brochura e capa dura com fitilho

Espíritas!, amai-vos, eis o primeiro ensinamento. Instruí-vos, eis o segundo. Todas as verdades são encontradas no Cristianismo; os erros que nele criaram raízes são de origem humana. E eis que, além-túmulo, em que acreditáveis o nada, vozes vêm clamar-vos: Irmãos! Nada perece. Jesus Cristo é o vencedor do mal; sede os vencedores da impiedade! **O Espírito de Verdade – "O Evangelho Segundo o Espiritismo"**

- **Mensagens de Saúde Espiritual**

Wilson Garcia e Diversos Autores
Meditação e auto ajuda – 124 p. – 10 x 14 cm

A leitura (e releitura) ajuda muito na sustentação do nível vibratório elevado. Abençoadas mensagens! Toda pessoa, sã ou enferma, do corpo ou da alma, devia ter esse livreto luminoso à cabeceira e ler uma mensagem por noite. ***Jorge Rizzini***

Não encontrando os livros da EME na livraria de sua preferência, solicite o endereço de nosso distribuidor mais próximo de você através do
Fone/Fax: (0xx19) 3491-7000 / 3491-5603.
E-mail: editoraeme@editoraeme.com.br – Site:www.editoraeme.com.br